Mosaik
bei GOLDMANN

Buch

Dieser romantische Ratgeber zeigt, wie man mit selbst gemachten Blumenkarten – gezeichnet oder mit gepressten Blumen hergestellt – sich selbst besser kennen lernen und mehr über sich und sein Schicksal durch die Sprache der Natur erfahren kann. Dabei werden verschiedene Pflanzen in einem Porträt einzeln kurz vorgestellt: ihre Bedeutung in Geschichte und Brauchtum, ihre Verwendung in der Heilkunde und Ernährung sowie ihre magischen Kräfte. Die Autorin gibt genaue Anleitungen und Interpretationshilfen, wie man mit den Pflanzen- und Blumenkarten orakeln kann.

Autorin

Patricia Telesco ist Priesterin der Universal Life Church und schreibt als freie Autorin zu Themen wie Naturheilkunde, Spiritualität und Schamanismus. Sie lebt mit ihrer Familie in Buffalo, New York.

PATRICIA TELESCO

»Er liebt mich, er liebt mich nicht«

Das Blumenorakel

Aus dem Amerikanischen
von Tatjana Kruse

Mosaik
bei GOLDMANN

Umwelthinweis:
Alle bedruckten Materialien dieses Taschenbuches
sind chlorfrei und umweltschonend.

Deutsche Erstausgabe Februar 2000
© 1999 der deutschsprachigen Ausgabe
Wilhelm Goldmann Verlag, München
in der Verlagsgruppe Bertelsmann GmbH
© 1994 by Patricia Telesco
Originaltitel: The Victorian Flower Oracle
Originalverlag: Llewellyn Publications, St. Paul, Mn
Umschlaggestaltung: Design Team München
unter Verwendung folgender Fotos:
Umschlag und Umschlaginnenseiten:
Mauritius/SST
Redaktion: Regina Konrad
Druck: Elsnerdruck, Berlin
Verlagsnummer: 16246
Kö · Herstellung: Max Widmaier
DTP/Layout: Martin Strohkendl
Made in Germany
ISBN 3-442-16246-7

1 3 5 7 9 10 8 6 4 2

Widmung
Für die Seher und Visionäre aller Zeitalter,
die mit einem Herzen voller Frieden
und einer Seele voller Liebe
tapfer in die Zukunft schauten,
weil sie hofften, das Heute zu erkennen.

Inhalt

Danksagung

Jede Blume in diesem Buch ist meinen Freunden gewidmet, aber auch jenen Menschen, die – ohne es zu wissen – auf irgendeine Weise mein Leben berührt haben. Die »Netze«, die wir im Laufe der Zeit spinnen, sind manchmal so geschäftig, dass wir nie wirklich dazu kommen, einander oder dem Universum zu danken. Meine Worte sind das einzige Geschenk, mit dem ich die vielen Freundlichkeiten erwidern kann, die mir sogar »Fremde« zukommen ließen.

Ich möchte auch Carl danken, weil er mir die innere Sammlung gab, die ich brauchte, um diese Seiten in funktionaler Homogenität fließen zu lassen, und natürlich Shadow-Cat, die mir und vielen anderen Schriftstellern half, auf eine hohe Qualität unserer Arbeit bedacht zu sein. Sie erlaubte einfach nicht, dass wir etwas anderes als das Beste ablieferten!

Meiner Familie: Ich weiß, dass es manchmal den Anschein hat, ich würde zu sehr in meiner Arbeit aufgehen, dennoch unterstützt ihr mich unablässig, selbst wenn meine Nase in einem Buch steckt. Also, diese »Knospe« ist für euch (tut mir leid, ich konnte diesem Wortspiel nicht widerstehen)!

Und schließlich danke ich den Lesern und Leserinnen dieses Buches, wo immer Sie sein mögen. Ohne Sie hätten Schriftsteller niemanden, mit dem sie ihre Vision teilen könnten, und der Ruhm des gedruckten Wortes, der unsere Welt so reich gemacht hat, würde verblassen. Lesen Sie fleißig weiter!

❦

Einführung

Einem intelligenten Geiste kann die Zukunft nicht verhüllt oder verborgen bleiben, jedoch kann dieses vollkommene Wissen nicht ohne göttliche Führung erlangt werden.

NOSTRADAMUS

In einer Welt, in der Rationalität und Religion viele unserer Fragen nicht mehr zufrieden stellend beantworten können, entstehen ganz unterschiedliche Gefühle im Hinblick auf Schicksal, Aberglaube, Glück und Überlieferung. Wenn wir uns also einer Methode der Weissagung zuwenden wollen, die natürliche Objekte einbezieht, dann sollten wir diese Gefühle sorgfältig abwägen, denn sie haben sich im Laufe der langen Geschichte der Menschheit entwickelt. Bei näherer Betrachtung werden wir zwangsläufig die historischen Fakten aufdecken, die alle vorgefassten Meinungen darüber, was Weissagung ist und wie sie funktioniert, Lügen strafen.

Nur ein Beispiel: Bei »Wahrsager« denken die meisten Menschen an jene Leute, die auf Jahrmärkten arbeiten und denen es nur ums Geld geht, so wie man es häufig im Kino sieht. Doch in Wahrheit kann selbst Ihre Nachbarin Tarot-Karten oder andere Mittel der Weissagung besitzen, von denen einige so gewöhnlich sind, dass sie uns nicht einmal auffallen. So könnte beispielsweise eine Frau morgens aufstehen und bemerken, dass die Vögel anders zwitschern als sonst, woraus sie

schließt, dass es regnen wird. Das ist eine mögliche Form der
Weissagung durch Omen und Zeichen. In der Tat stammen die
meisten irrigen Auffassungen in Sachen Weissagung von frühen
Formen organisierter Religion, die nicht nur diese Methode,
sondern auch andere »übersinnliche« oder »magische« Phänomene als Bedrohung ihrer Macht über die Menschen betrach-
teten, anstatt als wundersames Geschenk des Schöpfers.

Wenn wir ein neues Orakel ersinnen oder mit einem bereits
bestehenden arbeiten, müssen wir uns als erstes ins Gedächtnis
rufen, dass das Weissagen viel älter ist als das Christentum.
Seit im Jahre 3000 vor Christus in Sumer die Schrift erfunden
wurde, gibt es Hinweise auf Weissagungspraktiken, die bereits
zu jener Zeit voll entwickelt waren. Das führte zu der Hypo-
these, dass solche Techniken wahrscheinlich schon in dem Moment erdacht worden sind, als der Mensch das Konzept der
Zukunft verstand.

Der Gebrauch natürlicher Objekte bei der Weissagung ist
ebenfalls weit verbreitet. Von einer Wasseroberfläche bis hin
zu einem prasselnden Feuer wurde so gut wie alles, was unseren Vorfahren in ihrem Alltag zur Verfügung stand, sowohl
auf der profanen als auch auf der metaphysischen Ebene zu
einem Werkzeug der Weissagung umfunktioniert. Wenn wir
das verstehen wollen, müssen wir uns klarmachen, dass der
Glaube an Omen, Zeichen und magische Bräuche in der gesamten Geschichte der Menschheit etwas Selbstverständliches
war und auch sehr ernst genommen wurde, fast wie eine eigene Wissenschaft. Wenn man dann noch bedenkt, dass die
Mehrheit der Menschen in der Landwirtschaft arbeitete und
ihr Lebensunterhalt vom Mutterboden und seinem Ertrag abhängig war, begreift man sehr schnell, warum ganz gewöhnliche Pflanzen an Bedeutung gewinnen konnten, besonders auf
einer symbolischen Ebene.

Seit der Zeit, als die Menschheit den Zyklus von Leben und

Tod zu begreifen begann, werden Empfehlungen aus dem Wissensschatz der Frauen und andere ausgewählte Ratschläge in Bezug auf Pflanzen, insbesondere Blumen und Kräuter, von einer Generation an die nächste weitergegeben. Für Menschen, deren Lebensspanne durch Mangelernährung, schlechte hygienische Verhältnisse und Krankheiten beträchtlich verkürzt wurde, war das Vertrauen auf magische Praktiken eine Möglichkeit, ein gewisses Maß an Kontrolle über die Launen des Schicksals zu erlangen. Diese Abhängigkeit wurde natürlich von Opportunisten immer wieder wirtschaftlich ausgenutzt.

Als beispielsweise findige arabische Gewürzhändler während der Kreuzzüge auf Europäer trafen, erkannten sie rasch die potenziell lukrative Situation: eine Welt voller Magie, Aberglauben und Zauberei, die reif war für die Ernte. Aufgrund ihres Wissens und ihrer Gerissenheit verbreiteten sie fantastische Geschichten über ihre Gewürze (die jedoch auch eine große Portion tatsächlicher arabischer Volksweisheit enthielten), um den Wert ihrer Waren in die Höhe zu treiben. Doch unabhängig von den Absichten jener arabischen Händler sprach das gewöhnliche Volk Kräutern, Gewürzen, Blumen und allen Arten von natürlichen Objekten bedeutende magische Eigenschaften zu, je nach Bedarf als Wunschmagie oder Schadenszauber.

Im mittelalterlichen Europa aß man Petersilie gegen Trunkenheit, Anis gegen Alpträume, Basilikum gegen Feindseligkeit und Lorbeer, um die Gabe der Weissagung zu erlangen. Man glaubte außerdem, dass ein Mensch, der ausgeraubt worden war, den Dieb noch in derselben Nacht in einem Traum sehen könne, wenn er vor dem Einschlafen Heliotrop unter den Kopf legte. Mittels Eisenkraut ließ sich angeblich das Schicksal Erkrankter vorhersagen, vorausgesetzt ein wahrer Heiler legte es auf den Kopf der Betroffenen. Viele dieser »magischen« Kräuter fanden sich auch aus kulinarischen Gründen in der mittelalterlichen Küche wieder.

Ein weiteres interessantes Beispiel für derartige Überzeugungen in Sachen Pflanzen und Kräuter kommt aus China. Aufgrund der Langlebigkeit der Schafgarbe und der vielen Stängel, die eine einzige Wurzel produzieren kann, erlangte die Schafgarbe beachtlichen Ruhm und wurde mit großem Respekt behandelt. Ungefähr zu Beginn der christlichen Ära legte man ein Weissagungssystem mit Schafgarben schriftlich nieder.

In den meisten Texten musste man zuerst 50 Stängel zur Hand nehmen, von denen man einen willkürlich zu Boden warf. Dann wurden die verbliebenen Stängel in zwei Haufen aufgeteilt, ohne auf die Zahl der Stängel pro Haufen zu achten. Anschließend wurden die beiden Haufen systematisch um je vier Stängel reduziert, bis die Anzahl der restlichen Stängel zwischen null und vier lag. Aus diesen formte der Wahrsager eine Linie. Der ganze Vorgang wurde sechsmal wiederholt, bis sich ein Hexagramm gebildet hatte.

Ein Wurf, der zu einem bestimmten Hexagramm führte, konnte für die Menschen jener Zeit, die eine direkte Verbindung zwischen der sichtbaren und der unsichtbaren Welt für gegeben erachteten, kein bloßer Zufall sein. Und obwohl es sich manchmal als schwierig erwies, alle Aspekte und Wechselfälle der Welt in nur 64 Hexagramme zu packen, wurde 136 vor Christus aufgrund eines kaiserlichen Dekrets eine spezielle Studie über die »Wandlungen des Chou« durchgeführt. Auf dieser grundlegenden Studie basiert diese Weissagungsmethode bis heute. Im Jahr zwei nach Christus wurden die verschiedenen Schriften über die »Wandlungen des Fürsten Chou« unter dem Namen »I Ging« zusammengefasst, das von da an auch als weltanschauliches System galt. Diese Weissagungsmethode ist auch heute noch in Gebrauch und überaus beliebt.

Ich erwähne das, damit Sie sehen können, wie unterschiedlich und vielfältig die Geschichte der Weissagung, insbesondere die Weissagung anhand von Pflanzen, wirklich ist. Es gibt buchstäblich Hunderte von Methoden, die sich im Laufe der Jahrhunderte entwickelt haben. Die Weissagungsmethode, die sich auf die Beobachtung des Wachstums speziell präparierter Zwiebeln stützt, nennt man beispielsweise Cromniomantie. Bei der Daphnomantie werden Vorhersagen für die Zukunft gemacht, indem man das Knistern brennender Lorbeerblätter interpretiert. Bei der Botanomantie werden die Blätter von Dornensträuchern oder Eisenkraut verbrannt, bei der Phyllorhodomantie wird das Geräusch von Rosenblättern, die gegen eine Hand geschlagen werden, gedeutet. Die Sykomantie beschäftigt sich mit getrockneten Feigenblättern, und die Xylomantie beantwortet die Fragen der Ratsuchenden aufgrund des Aussehens von zu Boden gefallenen Zweigen und Ästen, der genauen Lage von brennenden Holzscheiten und zufällig hingeworfenen Stöcken und/oder Strohhalmen.

Ungeachtet der Methode wird deutlich, dass sich die Menschen ständig an die Natur gewandt haben, um Antworten auf die Fragen, die ihnen am Herzen lagen, zu suchen und zu finden. Meine Anweisungen und Deutungsvorschläge in diesem Buch sollen Sie zum einen wieder mit diesem Gaia-Geist verbinden, indem ich Sie mit den Sagen und Legenden vertraut mache, die mit diesen Blumen, Bäumen und Kräutern verknüpft sind, und Ihnen Vorschläge unterbreite, wie man diese Informationen in der modernen Magie einsetzen kann. Zweitens möchte ich Ihnen einige der wunderbaren Rezepte vorstellen, die im Laufe der Jahrhunderte für die verschiedenen Gewächse kreiert wurden. Und zu guter Letzt möchte ich Ihnen konkrete Vorschläge machen, wie Sie ein Weissagungshilfsmittel herstellen können, das von dieser Fülle durchdrungen ist für jene Momente in Ihrem Leben, in denen Sie das Gefühl haben, eine Orientierungshilfe zu benötigen.

Es hat viele Vorteile, wenn man sein eigenes Orakel herstellt. Erstens erschaffen Sie auf diese Weise ein magisches Hilfsmit-

tel, das Ihre Visionen und Ihr Talent in sich trägt, wodurch das
fertige Orakel in Ihren Händen noch nützlicher und treffsiche-
rer wird. Zweitens wird die Zeit, die Sie für die Entwicklung
Ihres Systems aufwenden, die latente individuelle Energie in
dem Orakel freisetzen, was es wiederum gerade für Sie noch
genauer macht. Außerdem glaube ich, dass für die meisten von
Ihnen der Herstellungsprozess überaus informativ und befrie-
digend sein wird. Das gilt auch für die vorgestellten Rezepte
und Anwendungsmöglichkeiten.

Wann immer Sie einer Idee materiellen Ausdruck verleihen,
vertieft das Ihre Konzentration und ermöglicht ein umfassen-
deres Verständnis Ihrer eigenen Wahrnehmungsweise, insbesondere im Hinblick auf das Problem, für das Sie eine Lösung
suchen. Auf den kommenden Seiten erhalten Sie die Gelegenheit, sich genau zu überlegen, was Sie von Ihrem fertigen Orakel (oder Ihrem kulinarischen Genuss) erwarten. Dann können
Sie eines anfertigen, das Ihrem Lebensweg und Ihren Bedürfnissen am besten entspricht.

Wie jedes andere Weissagungssystem kann auch dieses nicht
die Antwort auf alle Ihre Fragen bieten, nur Ihr Herz ist dieser
Aufgabe gewachsen. Wenn Sie sich jedoch erlauben, mit den
Rezepten zu experimentieren und das fertige Orakel als Konzentrationshilfe anzuwenden, dann können Ihnen die Karten,
Steine oder Gerichte eine neue Sichtweise und neue Erkenntnisse vermitteln, die Ihnen zuvor nicht zugänglich waren.

Darin besteht das größte Geschenk der Weissagung. Sie ist
eine Gabe, die aus der Fülle der Großen Mutter selbst stammt:
die Fähigkeit, einen Augenblick lang zurückzutreten und unsere Fragen, unsere Lebenssituation und unsere gesamte Exi-
stenz aus einem neuen Blickwinkel zu sehen. Dann können wir
mit frischem Mut an unsere Schwierigkeiten herangehen und
kreative, positive Lösungen erzielen.

Die Herstellung des Orakels

Lass es mich in einem Traum sehen
oder es mich durch Weissagung entdecken
oder es mich durch einen
göttlich inspirierten Mann hören.

HETHITISCHES GEBET VON MURSIL II.

In diesem Buch steht das viktorianische Blumenorakel im Mittelpunkt, das in der zweiten Hälfte des 19. Jahrhunderts sehr beliebt war. Bei der Auswahl der Pflanzen und den Deutungen beziehe ich mich also in erster Linie auf die damaligen Vorlieben und Praktiken.

Viele Leserinnen und Leser werden sich sicher fragen: »Warum gerade ein viktorianisches Orakel?« Die Inspiration kam von zwei Seiten. Zum einen war da meine erfolglose Suche nach einem Weissagungssystem, das mit meinem Herzen in Einklang stand. Es gibt zwar viele gute Orakel auf dem Markt, und die Tarot-Karten von Robin Wood kommen meiner eigenen Vision noch am nächsten. Keines von ihnen schien mir jedoch dieses schwer definierbare Etwas zu haben, das meine innere Stimme dazu brachte, mir ein lautes »Ja« zu signalisieren.

Zweitens faszinierte mich während meiner Arbeit an einem Buch über die viktorianische Alltagskultur (siehe *Literaturhinweise*, Seite 266) die Sprache der Pflanzen, insbesondere der Blumen. Die kreativen Einsatzmöglichkeiten diverser Blütenblätter und die Freude, die jene Menschen ausstrahlten, die sich damit beschäftigten, wirkten überaus inspirierend auf jemanden, der bereits Gefallen an der Beschäftigung mit Pflanzen gefunden hatte. Beides kam zusammen – und schon waren ein Buch und eine absolut einzigartige Weissagungsmethode entstanden. Es ist hilfreich, wenn Sie sich damit vertraut machen, wie wichtig Blumen, Bäume und Kräuter für die Menschen der viktorianischen Ära (ungefähr von 1850 bis 1910) waren. Sie erinnern nicht nur an die spitzenverbrämte, romantische Atmosphäre, die für jene Zeit typisch war, sondern waren auch aus der Kochkunst, der familiären Krankenpflege, der Parfümherstellung und vielen anderen, für die sparsam wirtschaftende Hausfrau wichtigen häuslichen Arbeiten einfach nicht wegzudenken. Das ging so weit, dass die meisten Häuser nicht als vollständig galten, wenn kein Blumengarten dazugehörte, der viel mehr verkörperte als nur einen Akzent in der Landschaft.

Neben den eher praktischen Anwendungsmöglichkeiten tauchten Blumen, Kräuter, Bäume und alle Arten von natürlichen Objekten auch häufig in der viktorianischen Kunst, in der Inneneinrichtung und in den unauffälligen häuslichen Hobbys auf. Eine begüterte viktorianische Dame verbrachte die freien Stunden ihres Tages für gewöhnlich damit, kleine, mit zarter Poesie und Sinnsprüchen durchsetzte Blumenbücher herzustellen – als besonderes Geschenk für eine Freundin oder als Erbstück für ihre Tochter. Oftmals stammten die Knospen aus ihrem eigenen, mit viel Mühe gepflegten Garten, sodass das Endprodukt in doppelter Hinsicht von Bedeutung war. Gleichgültig, wohin man auch blickt, diese Naturverbundenheit schien fast allen Aspekten des privaten und öffentlichen Lebens der viktorianischen Zeit eine sentimentale Note zu verleihen.

Diese fast eifernde Verehrung des Schöngeistigen erregte mein Interesse, und ich informierte mich über die Ursprünge der viktorianischen Blumensprache und über die praktische

Verwendung und die Symbolik der Pflanzen im Allgemeinen. Als erstes entdeckte ich, dass die Sprache der Blumen sich *nicht* nur auf blühende Pflanzen beschränkt. In vielen Fällen werden Bäume und andere Pflanzen wie Moose oder Reben, an die wir üblicherweise nicht in Zusammenhang mit »Blumen« denken, in diese Spezialsprache mit einbezogen. Das war wunderbar, denn es erhöhte die Anzahl möglicher Symbole, die für ein Orakel zur Verfügung standen, und folgerichtig auch die Vielzahl der individuellen Interpretationen.

Zweitens stellte ich fest, dass man schon seit uralter Zeit Dingen aus der natürlichen Welt eine Symbolik zuschreibt. Das basiert auf der Vorstellung, dass das Göttliche seine Lektionen am besten durch die herrliche Schöpfung der Natur vermitteln kann. Diese Überzeugung bewahrheitet sich nachdrücklich in jeder positiven spirituellen Lebensweise, und daher ist die Natur auch ein Medium, das sich hervorragend zu Weissagungszwecken eignet. Wie es der Zufall will, gab es in der viktorianischen Zeit sogar eine Weissagungsmethode, bei der die Linien eines Stiefmütterchenblattes gelesen wurden. Es wundert daher nicht, dass dieser Abschnitt der Geschichte manchmal sehr treffend als »das Zeitalter der Blumen« bezeichnet wird.

Blumen und andere Pflanzen scheinen sich auch sehr gut für verschiedene kunsthandwerkliche Arbeiten zu eignen, mit deren Hilfe man sein eigenes Weissagungssystem entwickeln kann. Wenn Sie zu dem Schluss kommen, dass die Methoden, die in diesem Buch vorgestellt werden, für Sie persönlich nicht so gut geeignet sind, dann finden Sie im Abschnitt *Alternative Symbole für Ihr Orakel* (siehe Seite 229 bis 258) zusätzliche Möglichkeiten, die leicht umzusetzen sind.

Aus praktischen Erwägungen will ich Ihnen zeigen, wie Sie Karten, die dem Tarot ähneln, oder einen Runensatz herstellen können, jedoch mit weniger Einzelteilen. Damit fällt die Handhabung leichter, und die Karten lassen sich auch müheloser einprägen als die 72 des herkömmlichen Tarotspiels. Die Größe des Orakels bleibt jedoch ganz Ihnen überlassen. Es sollte allerdings mindestens 25 unterschiedliche Karten oder Steine enthalten (die traditionelle Anzahl von Symbolen in einem Satz Wikingerrunen), um genügend Spielraum für die Deutung zu bieten.

Die menschliche Erfahrungsbandbreite lässt sich nicht so einfach in 25 archetypischen Bildern einfangen. Darum sind Ihre intuitiven Fähigkeiten überaus wichtig – nicht nur für die eigentliche Deutung des Orakels, sondern auch für dessen Herstellung. Im Grunde müssen Sie versuchen, ein System zu entwickeln, das genügend äußere Informationen liefert, um Einsichten und Erkenntnisse zu entfachen, und die restlichen Wahrnehmungen den Händen und Augen eines fähigen Wahrsagers überlässt – nämlich Ihnen!

Das Decoupage-Orakel

Für dieses Orakel brauchen Sie als erstes entweder stabiles Kunstdruckpapier, Pappkarton oder ein unbedrucktes Kartenspiel (häufig in Bastelgeschäften erhältlich) sowie Festigerspray von guter Qualität, um die Haltbarkeit Ihres Spiels zu erhöhen. Aus ökologischen Gründen sollten Sie möglichst Produkte aus Recyclingpapier verwenden. Auf diese Weise wird Ihr Orakel einen gesunden Respekt vor der Natur widerspiegeln, sowohl in der bildlichen Darstellung als auch in der Fertigung.

Wenn Sie an irgendeinem Punkt des Herstellungsprozesses unsicher sind, welche Produkte Sie am besten verwenden sollten, dann bitten Sie im nächstgelegenen Hobby- oder Schreibwarengeschäft um Unterstützung. Die Angestellten sind in aller Regel so gut ausgebildet, dass sie Ihnen nützliche Informationen geben können.

Als nächstes müssen Sie entscheiden, wie aufwändig Ihr Spiel werden soll. Ein Decoupage-Spiel lässt sich mit wenig Mühe im Collage-Stil aus Fotos oder ausgeschnittenen Bildern herstellen. Wenn Sie sich für diese Vorgehensweise entscheiden, wird die größte Schwierigkeit darin bestehen, all die Fotos zu finden, die Sie brauchen. Hier möchte ich Ihnen Haus- und Gartenzeitschriften ans Herz legen, ebenso Samenkataloge, Pflanzenbestimmungsbücher oder sogar Fotos, die Sie in örtlichen Gewächshäusern oder in dem üppigen Blumengarten eines Nachbarn schießen. Ein Fotokopierer ist für Ihr Decoupage-Spiel überaus praktisch, dann müssen Sie nicht wertvolle Bücher zerschneiden und können beispielsweise auch die Illustrationen aus diesem Buch verwenden. Sie können die Bilder kolorieren, bevor Sie sie nach Ihrem persönlichen Geschmack anordnen.

In den Kapiteln Die *Sprache der Blumen* (siehe Seite 75 bis 140), *Die Sprache der Kräuter* (siehe Seite 143 bis 189) und *Die Sprache der Bäume und Sträucher* (siehe Seite 191 bis 227) finden Sie viele Beispiele aus der viktorianischen Pflanzensymbolik aufgelistet, die Ihnen bei Ihrer Suche behilflich sein können. Und denken Sie daran, Ihr Spiel kann all diese Pflanzen enthalten oder nur jene, die Ihnen persönlich zusagen. Versuchen Sie jedoch, ein Minimum von 25 Karten herzustellen, um die Zufälligkeit Ihres Orakels und die Vielfalt der Deutungen zu erhöhen.

Wenn das Kartenformat nicht schon durch den Kauf vorgegeben ist, dann schneiden Sie die Karten in eine Größe, die für Ihre Hand angenehm ist. Bei den meisten Menschen sind 7,5 auf 12,5 Zentimeter sehr gut geeignet – übrigens können auch unbedruckte Karten dieser Größe gekauft werden! Sobald Sie die noch leeren Karten beisammen haben, sollten Sie am besten immer nur an einem Symbol arbeiten. Auf diese Weise konzentriert sich Ihre persönliche Energie und Aufmerksamkeit auf die Bedeutung, die eine bestimmte Pflanze besitzt und die sie in den Aufbau des Spieles einbringen soll.

Als nächstes sollten Sie sich überlegen, ob Sie die Rückseite der Karten leer lassen wollen oder sie einfärben möchten. Sie können fluoreszierende Stifte, Aquarell-, Wasser- oder Plakafarben und sogar Stofffetzen verwenden, wenn Sie wollen. Achten Sie jedoch darauf, dass Sie Ihre Karten nicht mit so vielen Schichten beladen, dass sie zu dick und sperrig werden und sich kaum noch mischen lassen. Wenn Sie Stoff verwenden, kleben Sie ihn nur auf die sichtbare Seite der Karte. Um sich einen Arbeitsgang zu ersparen, können Sie gleich farbiges statt weißes Papier kaufen, und zwar in der Farbe, die Ihnen für die Rückseite vorschwebt.

Nehmen Sie nun Ihre Fotos beziehungsweise Ihre Ausschnitte, und legen Sie sie auf die Karte. Versuchen Sie es mit verschiedenen Anordnungen und Arrangements, bis es sich für Sie richtig anfühlt. Denken Sie bei der Zusammenstellung über die Bedeutung jeder Blume oder Pflanze nach. Versuchen Sie, diese Assoziationen intensiv vor Augen zu haben, während Sie an der Karte arbeiten, damit sie diese Energien in sich aufnimmt.

Wenn Sie talentiert genug sind, um jede Karte selbst zu bemalen, umso besser! Das erhöht Ihre Aufmerksamkeit und hilft Ihnen, Ihrer magischen Ziele gewahr zu bleiben. Doch sollte das niemanden, der künstlerisch nicht so begabt ist, davon abhalten, sich ein Kartenspiel zu basteln. Die Gefühle, die Sie in Ihre Schöpfung stecken und von ihr zurückerhalten, sind der wichtigste Faktor für ihre Wirksamkeit, nicht die Tatsache, ob sie anderen gefällt.

Wenn Sie aus irgendeinem Grund der Ansicht sind, dass eine bestimmte Karte eine andere Bedeutung haben sollte als diejenige, deren Beschreibung Sie hier finden, dann folgen Sie Ihrer inneren Stimme. Abgesehen von dem Herstellungsprozess selbst ist das der beste Weg, wie Sie Ihr Orakel individuell auf sich abstimmen können. Denken Sie jedoch daran, diese spezielle Bedeutung zu notieren und so aufzubewahren, dass Sie sie auch in Zukunft schnell nachschlagen können. Ein kleiner DIN-A6-Ordner ist für diese Aufgabe bestens geeignet, da Sie ihn mühelos mit sich führen können. Später kann dieser Ordner auch als Deutungstagebuch fungieren, in das Sie die Legemuster und Ihre Legeerfolge hineinschreiben.

Sobald Sie die Symbolik der Pflanze für Ihre Arbeit definiert haben, muss diese Interpretation Ihre ganze Aufmerksamkeit beanspruchen, während Sie die Karten gestalten. So hat beispielsweise der Löwenzahn in diesem Buch keine umgekehrte Bedeutung. Wenn Sie beschließen, dieser Interpretation zu folgen, dann können Sie den Löwenzahn aus der Vogelperspektive darstellen und ihn genau in die Mitte der Karte setzen, damit die visuelle Wirkung der funktionellen Bedeutung entspricht. Wenn Sie andererseits zu dem Schluss kommen, eine alternative Interpretation des Löwenzahns, zu der auch eine umgekehrte Position gehört, sei sinnvoll, dann könnten Sie ein Bild eines Löwenzahns, der auf einer Wiese steht, auf die Rückseite kleben, damit es eindeutig eine umgekehrte Position gibt. (Siehe auch die Abbildung auf Seite 28.)

Wenn Ihre Blumen in der von Ihnen gewählten Position befestigt sind, dann drucken oder malen Sie den Namen auf die Karte, damit sie sofort zu erkennen ist. Meine Handschrift lässt sich nur schwer entziffern, darum drucke ich schöne Etiketten aus und klebe sie auf die Karten. Sie können auch einzelne selbstklebende Buchstaben verwenden, wie sie in Schreibwarenläden zu erhalten sind. Wenn Sie Freude am Experimentieren haben, können Sie jeweils zwei bis drei Tropfen eines ätherischen Öls in Ihre Tinte träufeln und so ein Orakel erstellen, das nach den verschiedenen Pflanzen duftet, die es verkörpert!

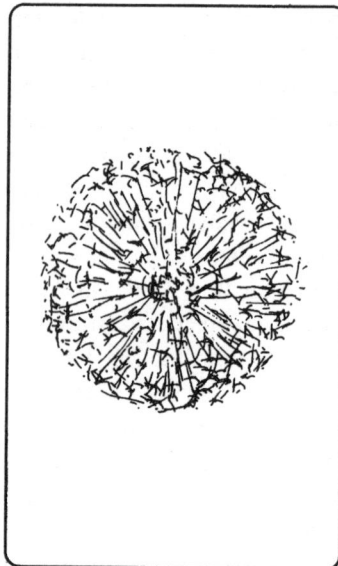

Vogelperspektive

Umgekehrte Position

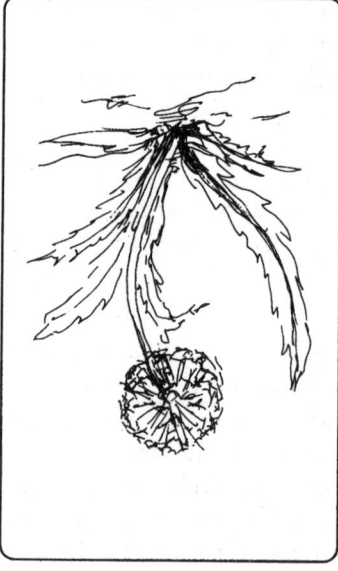

Sobald der Klebstoff getrocknet ist, empfehle ich, die Karten mit einem schützenden Spray zu beschichten, bevor Sie den Transparentlack auftragen. Das bewahrt die Farben und Schattierungen der gewählten Bilder und schützt sie vor den Chemikalien des Lacks. Es liegt ganz bei Ihnen, ob Sie einen glänzenden oder einen matten Lack wählen. Meiner Meinung nach bringt ein matter Lack das Bild besser zur Geltung. Anschließend lassen Sie die Karten auf einer sauberen, fussel-freien Oberfläche trocknen. Es schadet auch nicht, sie unter eine Kuchenhaube zu legen, damit weder Haare noch Staub auf den Lack kommen, bevor er vollständig getrocknet ist.

Wiederholen Sie diesen Vorgang bei jeder Karte, und denken Sie daran: Es geht hier überhaupt nicht darum, ein visuell be-eindruckendes Kunstwerk zu schaffen. Manchmal sind die einfachsten Dinge diejenigen, die am meisten Freude schenken und die wir am häufigsten verwenden. Wenn Sie nicht dieser Ansicht sind, dann fragen Sie einfach ein Kind, warum es lie-ber mit Töpfen oder alten Schachteln spielt anstatt mit einem teuren oder besonders auffälligen Spielzeug. Wenn Ihre Arbeit beendet ist, wenn Sie ein Spiel in Händen halten, das für Sie von doppelter Bedeutung ist, dann haben Sie Ihre Aufgabe überaus gut erledigt.

Das Blumenorakel

Es gibt noch eine Möglichkeit, Ihr Kartenspiel herzustellen. Sie ist etwas umständlicher, aber ebenso lohnenswert. Nehmen Sie statt der ausgeschnittenen Bilder gewachste oder getrocknete Blumen und Blätter. Das Trocknen war eine beliebte viktoria-nische Methode, um Andenkenbücher zu verzieren. Wenn Sie sorgfältig die Seiten eines Buches aus dem 19. Jahrhundert durchblättern, stoßen Sie häufig auf eine Rose, ein Veilchen, ein Kleeblatt oder eine andere getrocknete Pflanze. Diese gewachsten oder getrockneten Blätter und Knospen eignen sich auch sehr gut für Ihr Orakel, vorausgesetzt, sie sind *flach*.

Vielleicht wollen Sie Ihre eigenen Blumen anpflanzen und trocknen, damit die Bedeutung Ihrer Karten für Sie noch persönlicher wird. Es gibt mehrere gute Techniken, um gepflückte Blumen zu pressen, zum Beispiel mit einer Fertigpresse aus dem Heimwerkerbedarf. Mit diesem herrlichen Hilfsmittel können Sie eine große Vielzahl von Pflanzen innerhalb von etwa drei Wochen trocknen und pressen.

Wenn Sie ein Do-it-Yourself-Typ sind, können Sie sich selbst eine funktionsfähige Presse bauen. Die historischen Quellen geben an, die Farne, Knospen, Blätter oder Moose möglichst rasch nach dem Pflücken zwischen zwei Blatt Löschpapier zu legen. Tupfen Sie unbedingt die Feuchtigkeit von den Blättern, damit sie sich nicht verfärben oder schimmeln. Legen Sie die Pflanzen sorgfältig auf das Papier, und achten Sie darauf, dass sie sich nicht überlappen und nach Beschaffenheit und Farbe getrennt sind. Farne dürfen nicht zu fest gepresst werden, was im übrigen für alle Pflanzen mit hohem Markanteil gilt.

Ihre Presse kann gern nach viktorianischem Prinzip gebaut sein. In diesem Falle legen Sie die Pflanzenschicht auf ein Brett mit mindestens vier bis sechs Blatt Löschpapier zwischen den Pflanzen und dem Holz. Zum Abschluss legen Sie ein Brett darauf und schnüren das ganze Bündel zusammen, bis es wie ein gebundenes Buch aussieht (dafür eignen sich alte Gürtel am besten).

Sie sollten das Löschpapier jede Woche einmal wechseln, dann erhalten Sie die besten Ergebnisse. Wenn eine Ihrer Pflanzen an dem Papier fest klebt, löst einfaches Klopfen auf der Rückseite des Papiers sie normalerweise wieder ab. Moose und Tang sind die einzigen Ausnahmen dieser Regel. Moos muss nur einmal zwischen dickem Papier gepresst werden, und

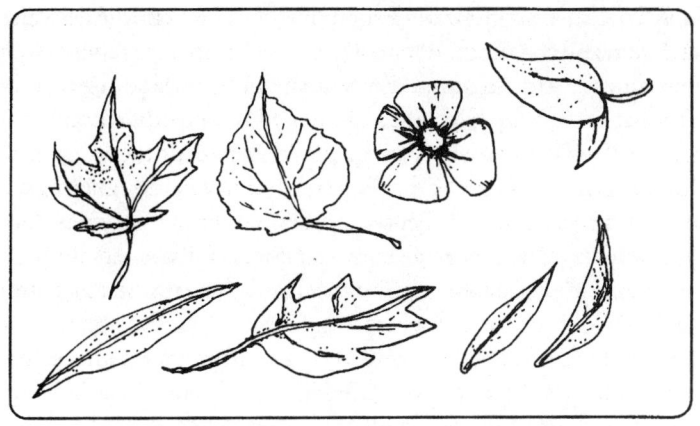

Blätter und Blüten auf Löschpapier ausgelegt
(Achten Sie darauf, dass sie einander nicht berühren.)

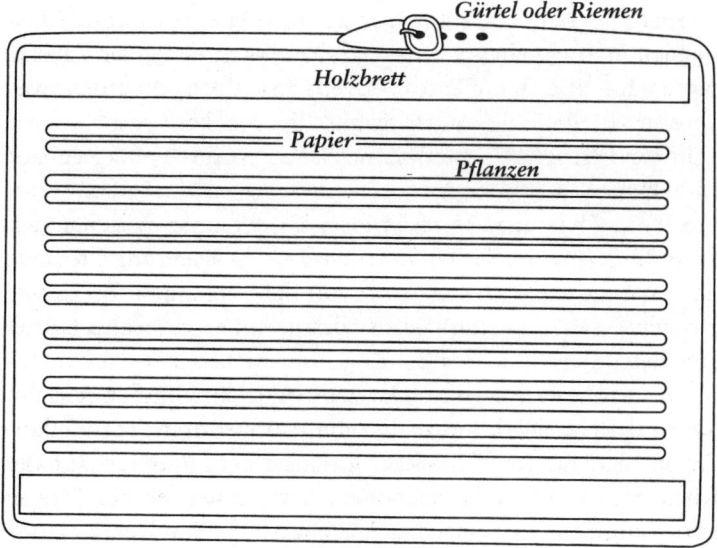

Die Presse

Tang trocknet schnell am Feuer und verliert auf diese Weise auch seine Farbe nicht.

Noch eine Anmerkung: Wenn Sie beim Blumenpressen nicht ganz so aufwändig vorgehen wollen, können Sie einfach ein altes Buch als Presse verwenden. In diesem Fall legen Sie Ihre Blütenblätter zwischen zwei Seiten, mit mehreren Seiten zwischen den Schichten mit Blüten und Blättern, dann klappen Sie das Buch zu. Möglicherweise müssen Sie das Buch verschnüren oder ein anderes schweres Buch darauflegen, um für zusätzliches Gewicht zu sorgen. Nach ungefähr 14 Tagen können Sie den Riemen beziehungsweise das Zusatzgewicht entfernen. Die Pflanzen sollten weitere 48 Stunden im Buch verbleiben, bevor Sie sie der Luft aussetzen.

Die einzelnen Pflanzenteile zu wachsen ist sogar noch einfacher. Als erstes wählen Sie die Pflanze aus und lassen sie ein wenig in der Sonne trocknen. Die Blüte soll dabei nicht braun werden, aber sie muss feuchtigkeitsfrei sein, wenn das Wachsen von Erfolg gekrönt sein soll. Das Wachsen eignet sich am besten für Pflanzenteile, die bereits fast flach sind, beispielsweise Blätter, Wedel und einzelne Blütenblätter (wachsen Sie genügend einzelne Blätter, damit Sie sie später zu einer ganzen Blume anordnen können).

Sobald die Pflanze getrocknet ist, legen Sie sie zwischen zwei Blatt Wachspapier (mit der Wachsseite in Richtung Pflanze). Schalten Sie nun Ihr Bügeleisen auf die unterste Stufe. Lassen Sie Ihr Eisen nicht zu heiß werden, sonst verbrennen Ihre Pflanzen. Setzen Sie das Bügeleisen vorsichtig auf das Wachspapier über der Pflanze auf, und prüfen Sie die Temperatur. Wenn das Wachs schmilzt und die Pflanze ihre ursprüngliche Farbe beibehält, haben Sie die richtige Temperatur. Leider werden Sie es ein paar Mal versuchen müssen, bis die Temperatur stimmt. Klappen Sie anschließend das Wachspapier auseinander, und lösen Sie die Pflanze heraus, solange das Wachs noch warm ist, sonst klebt sie dazwischen fest! Falls das passieren sollte, verzweifeln Sie nicht: Wärmen Sie das Papier einfach erneut an, bis es Ihren Schatz freigibt.

Nachdem Sie die ausgesuchten Pflanzenteile gepresst oder gewachst haben, können Sie sie auf Ihren Karten anordnen, fest kleben und für eine herrliche Decoupage-Wirkung lackieren. Eine gute Alternative zum Lack besteht darin, eine dünne Schicht transparente Folie in der Größe der Karte über die Pflanzen zu kleben. Allerdings tritt bei dieser Methode manchmal das Problem auf, dass die Folie nach einer gewissen Zeit Risse bekommt und die Ränder der Karte die Hände zerkratzen können. Außerdem sieht eine Folie meiner Meinung nach einfach nicht so gut aus wie Lack.

Das Holz- oder Steinorakel

Die viktorianische Pflanzensymbolik ist überaus vielseitig. Neben den bereits erwähnten Karten können Sie auch versuchen, Holzscheiben oder Steine von vergleichbarer Größe und Form zu bearbeiten. Dieses Spiel wird im Aussehen eher an eine Sammlung von Runen erinnern. Der große Vorteil dieser Materialien ist ihre Haltbarkeit und die Mühelosigkeit des Transports. Steine und Holz können viel mehr aushalten als Papier, auch als Papier von guter Qualität, und Sie können sie in einem Beutel überallhin mitnehmen.

Bei der Auswahl der gesamten Materialien kommt es vor allem darauf an, dass Ihre Holzscheiben oder Steine – ebenso wie die Karten – groß genug sind, damit eine getrocknete Blume oder ein Bild darauf Platz finden können. Sie müssen auch fast die gleiche Form haben, damit Sie sie nicht durch Ertasten erkennen können, wenn Sie eine Befragung durchführen. Das würde der Zufälligkeit des Weissagungsprozesses entgegenlaufen.

Sicht von oben   *Sicht von der Seite*

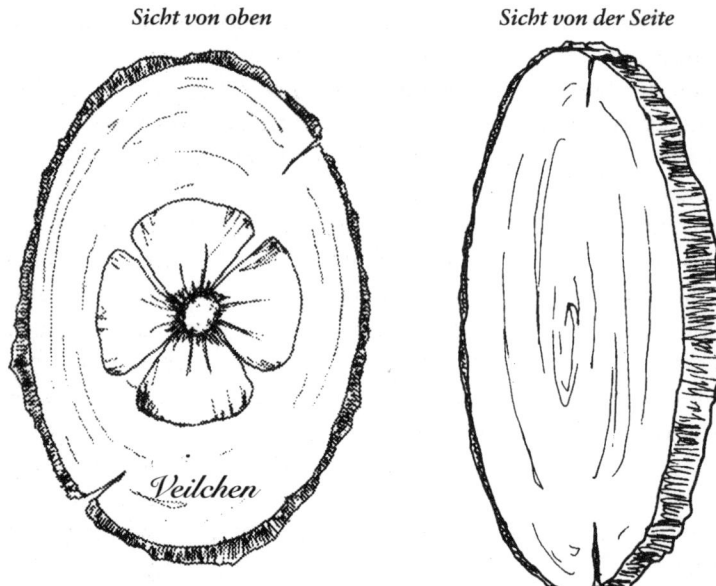

Holzscheiben – von einem ziemlich breiten Ast
(Lackieren Sie <u>beide</u> Seiten des Holzes und auch den Rand,
dann können Sie es besser in die Hand nehmen.)

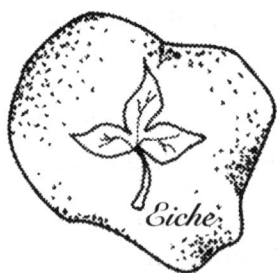

Steine – für kleine Steine sind einzelne Blütenblätter oder Knospen am
besten geeignet

Während Sie Ihr Holz beziehungsweise Ihre Steine sammeln, danken Sie dem Boden für dieses Geschenk an Sie. Holz wählt man am besten aus heruntergefallenen Zweigen aus, die bereits getrocknet sind und vom Baum freigegeben wurden. Bei den Steinen sind Strandsteine eine hervorragende Wahl, da sie glatt und häufig flach sind.

Nachdem Sie Holz oder Steine gesammelt haben, gehen Sie wie bei den Papierkarten vor, nur sollte das Holz gut abgeschmirgelt werden, damit es eine glatte Oberfläche bekommt. Die Steine müssen gut gewaschen werden, bevor man den Lack aufträgt. Achten Sie darauf, dass der Klebstoff für Ihre Materialien geeignet ist. Holz und Steine können beide bemalt werden, doch können Sie bereits beim Sammeln auf die natürlichen Schattierungen achten und so diesen Schritt auslassen. Es steht Ihnen zwar nicht soviel Fläche für Ihre getrockneten Blumen zur Verfügung, aber das fertige Spiel ist wirklich entzückend, und Sie haben das besondere Vergnügen, dass Ihr Weissagungsmittel ein Tribut an die Fülle der Natur ist!

Wie man das Orakel gebrauchsfertig macht

Wenn Ihnen alle Symbole, die Sie für Ihr Orakel ausgewählt haben, vorliegen, nehmen Sie sich die Zeit, sie auf Ihren Altar zu legen und sie zu segnen. Ich würde vorschlagen, dass Sie Ihren heiligen Ort so gestalten, wie es Ihnen am angenehmsten ist. Beleuchten Sie ihn mit weißen Kerzen (die Farbe symbolisiert Schutz und reine Absichten), und brennen Sie ein Räucherstäbchen ab, vielleicht Löwenzahn und Besenginster für die Weissagungskünste, Engelwurz für Visionen oder Zimt, um Ihrem Vorhaben Erfolg zu bescheren. Die Wahl der Kräuter kann durchaus variieren. Am besten holen Sie sich Anregungen aus dem Kapitel *Die Sprache der Blumen* (siehe Seite 75 bis 140).

Jetzt wäre ein guter Zeitpunkt, um ein kleines Gebet zu sprechen, während Sie Ihre Hand über das fertige Orakel halten.
Teilen Sie Ihrem Schutzgott und Ihrer Schutzgöttin mit, was
Sie mit diesem Hilfsmittel beabsichtigen. Visualisieren Sie, wie
sich weißes Licht in jedes Symbol ergießt, sodass nur Gutes aus
seinem Gebrauch entstehen kann. Ein solches Gebet könnte
beispielsweise lauten:

> *Herrin und Herr, ich lege Euch die Arbeit meiner
> Hände vor. Ich bitte Euch, sie als Werkzeug zu
> segnen, das Einsicht und Weisheit gewährt, wenn
> ich selbst nicht klar sehen kann oder wenn ein
> Freund Hilfe braucht. Ich bitte darum, dass beim
> Gebrauch der Karten intuitive Energie frei und un-
> gehindert von meinen persönlichen Überzeugun-
> gen durch mich strömt und dass die Informatio-
> nen, die mir mitgeteilt werden, immer zum Wohle
> aller wirken. So sei es.*

Wie bei allen magischen Riten sollten Sie die Worte so abän-
dern, dass sie die wahren Empfindungen Ihres Herzens widerspiegeln und Sie beim Aussprechen ein gutes Gefühl haben.
Wenn Sie Ihr Orakel gesegnet haben, legen Sie es mit dem angemessenen Respekt und mit Achtsamkeit an einen sicheren
Ort, wie Sie es mit jedem magischen Hilfsmittel, das Sie schätzen, tun würden.

Wenn die Zeit für den Einsatz des Orakels gekommen ist,
gehen Sie verantwortlich vor. Die Schönheit einer solchen
Schöpfung ist nicht für Trübsinn und Hoffnungslosigkeit gedacht, auch nicht dafür, die Dinge so zu ändern, dass sie Ihren
Vorstellungen entsprechen. Stattdessen ist es eine Möglichkeit,
sich selbst oder einem Freund durch die Verwirrung hindurch-
zuhelfen, in der wir uns alle von Zeit zu Zeit wiederfinden.

Ganz wichtig: Denken Sie immer daran, dass Ihre Hände ein magisches Instrumentarium geschaffen haben. Erfreuen Sie sich daran!

Der Einsatz des Orakels

Was der Weise vermutet, ist Wahrheit.

ISLÄNDISCHES SPRICHWORT

Man kann dieses Orakel in Verbindung mit fast allen herkömmlichen Tarot- oder Runen-Legesystemen verwenden, solange sie nicht die Gesamtzahl an Symbolen überschreiten, die Sie für Ihre Grundversion geschaffen haben. Allerdings ist dieses Weissagungssystem auf besondere Weise hergestellt worden, darum kann es nicht schaden, einige alternative Befragungsmethoden zur Verfügung zu haben, die dieses Charakteristikum berücksichtigen. Zu diesem Zweck und wegen der größeren Variationsbreite sollten Sie auch mit den nachfolgend vorgestellten, speziell auf die Sprache der Blumen ausgerichteten Legemustern experimentieren.

Wenn Sie mit dem System des Tarot oder der Runen noch nicht vertraut sind, ist es empfehlenswert, ein oder zwei Bücher zu diesem Thema zu lesen, und sei es aus keinem anderen Grund, als sich mit der Vielzahl der existierenden Legemöglichkeiten und der dazugehörigen Symbolik bekannt zu machen. Die Bücher »Tarot – 78 Stufen der Weisheit« von Rachel Pollack und »Runen« von Ralph Blum können sich hierbei als ungeheuer hilfreich erweisen. Ich erwähne das, weil Sie zwar kein »traditionelles« Tarotspiel entwickelt haben, aber Funktion und Aufbau ähnlich genug sind, um gleichermaßen gelegt zu werden – was im übrigen auch auf die traditionellen Runen-Würfe zutrifft.

Bevor Sie jedoch beginnen, möchte ich Ihnen empfehlen, noch einmal das gesamte Orakel, ein Symbol nach dem anderen, durchzugehen. Meditieren Sie einige Augenblicke über jedes Bild und fragen Sie sich, ob sich dabei bestimmte Gefühle oder Assoziationen entwickeln. Wenn ja, dann notieren Sie diese. Lesen Sie erst danach die Beschreibung in diesem Buch. Ich lege Ihnen das nahe, weil ich der festen Überzeugung bin, dass ein Weissagungssystem nur dann für Sie von Nutzen sein kann, wenn Sie darin einen Sinn erkennen.

Sollte sich Ihre Interpretation einer Karte oder eines Steins von der in diesem Buch unterscheiden, dann halten Sie sich auf jeden Fall an Ihre eigene Version! Ihr intuitives Wissen, wie Ihr Orakel entschlüsselt werden sollte, ist überaus wichtig für den Gesamterfolg Ihrer Weissagung. Ich erinnere Sie noch einmal daran, Ihre Erläuterung der Karte oder des Steins aufzuschreiben und sie immer zur Hand zu haben. Sie müssen durchgängig einer Bedeutung folgen, außer sie wird durch angrenzende Symbole verändert – nur so wird Ihr System funktionieren.

Noch ein Grund, warum Sie sich Zeit nehmen sollten, die fertigen Karten noch einmal einer genaueren Betrachtung zu unterziehen: Es soll Ihnen helfen, Ihr neues Orakel mit starker persönlicher Energie zu durchsetzen. Je öfter Sie die einzelnen Teile zur Hand nehmen, sie anschauen und über sie nachdenken, desto mehr wird dieses Hilfsmittel ganz *Ihres*. Es ist, als ob es einen besonderen Stuhl in Ihrem Haus gibt, auf dem Sie sich nach der Arbeit immer ausruhen, und jeder weiß, dass dieser Stuhl Ihnen gehört. Ihre Weissagungsmittel können mit der Zeit ebenso individualisiert werden und sich auf Ihre Berührung einstimmen, insbesondere dieses Orakel, das Sie mit Ihren eigenen Händen gemacht haben.

Ich würde Ihnen empfehlen, nicht nur über die Symbole zu meditieren, sondern sie auch an einem besonderen Ort aufzubewahren, wenn Sie sie gerade nicht in Gebrauch haben. Zum einen hält das ungewünschte Hände davon ab, sie wahllos anzufassen. Es hilft Ihnen auch, Ihr magisches Hilfsmittel von störenden Energien fern zu halten, damit es immer, wenn Sie es brauchen, »frei« von Restemotionen und ähnlichem ist. Ein Beutel aus Naturfasern, eine Holzschachtel, ein Seidentuch oder auch ein Satinschal eignen sich hervorragend als Aufbewahrungsmöglichkeiten, weil sie eng mit der organischen Welt verbunden sind. Dieses spezielle Weissagungsmittel bietet ganz eindeutig einen Weg »zurück zur Natur«, selbst in Ihrer Stadtwohnung!

Wie bei jedem Weissagungsmittel sind uns bestimmte traditionelle Methoden, mit Tarot und Runen umzugehen, überliefert worden. Ganz allgemein gilt, dass Sie zu Anfang alle Karten auf einmal in die Hände nehmen sollten, während entweder Sie selbst oder der Fragesteller eine stumme Frage stellen. Ich sage stumm, weil der Fragesteller auf diese Weise sicher sein kann, dass Ihre Deutung nicht von dem beeinflusst wird, was Sie bereits über seine Situation wissen. Wenn es die Klarheit der Deutung fördert, kann die Frage auch laut ausgesprochen werden, nachdem Sie Ihre ersten Eindrücke mitgeteilt haben. Das hängt ganz von Ihrer persönlichen Vorliebe ab.

Anschließend werden die Karten gründlich gemischt und zweimal mit der linken Hand abgehoben (der Hand, die dem Herzen am nächsten ist). Der Fragesteller wählt jetzt willkürlich einen Packen aus, wobei er sich immer noch auf seine Frage konzentriert. Dieser Packen kommt dann *auf* die beiden anderen. Im Grunde könnten Sie jetzt anfangen. Da wäre nur noch die Frage nach einem Signifikator.

Der Signifikator ist die Karte, die den Fragesteller verkörpert. Diese Karte kann auf zweierlei Weise ausgewählt werden.

Zum einen durch Zufall: Ziehen Sie eine Karte aus dem Spiel, und legen Sie sie in die Mitte. Sie können auch die Bedeutung der Karten bedenken und diejenige aussuchen, die in der aufrechten Position den Betreffenden am besten verkörpert. Suchen Sie nach der herausragendsten Eigenschaft dieses Menschen, entsprechend der Interpretation der verschiedenen Karten, und fällen Sie dann Ihre Entscheidung. Wenn Sie die zweite Methode einsetzen, können Sie diese Karte immer für diesen Menschen verwenden, wenn Sie die Karten für ihn legen.

Für gewöhnlich empfehle ich, dass Sie sich und den Fragesteller vor der Deutung daran erinnern, dass diese Weissagung keine endgültige spirituelle Wahrheit ist. Ihr Sinn liegt nicht darin, als bewusster oder privater Lehrer zu fungieren. Sie soll Ihnen nur helfen, eine bessere Perspektive zu erlangen und hoffentlich neue Erkenntnisse zu gewinnen. Was Sie mit der erhaltenen Information tun, liegt vollkommen bei Ihnen. Sie können sie positiv oder negativ nutzen. Geben Sie nicht den Karten die Schuld, wenn sich Ihnen das Leben von der Schattenseite zeigt. Machen Sie das Beste daraus, wie es so schön heißt, und befragen Sie die Karten, was sie über die zugrunde liegenden Energieströme zu sagen haben, die Ihnen das Leben so erschweren!

Beim eigentlichen Legen wird Ihnen auffallen, dass die Interpretationen der Pflanzen im Präsens gehalten sind. Wenn beispielsweise die Mandelkarte im Legemuster an der Stelle der Vergangenheit landet, dann wird ihre Erklärung leicht abgeändert, um diese Position widerzuspiegeln. In diesem Fall könnte die Karte darauf hinweisen, dass der Fragesteller vor kurzem eine übereilte Entscheidung getroffen hat, die diese Deutung und seine gegenwärtige Lebenssituation beeinflusst. In umgekehrter Position am Platz der Vergangenheit deutet die Mandelkarte darauf hin, dass eine Zeit der Niedergeschlagenheit ihrem Ende entgegengeht. Auf diese Weise können Sie aus einer großen Bandbreite von Ausdrucksmöglichkeiten und Interpretationen schöpfen, wobei Ihre Visionen und Ihre Intuition bei der Deutung eine entscheidende Rolle spielen.

Was die Runen angeht, so kennt fast jeder eine etwas abgewandelte Legeversion. Mir gefällt es, meine Runen in ein Seidentuch einzuwickeln. Auf diesem Tuch kann ich dann die für eine Sitzung ausgewählten Runen ausbreiten. Sie sollten immer dem Deutungsansatz folgen, der sich für Sie am besten anfühlt. Zudem rate ich Ihnen, körperlichen Kontakt zu den Steinen herzustellen, während Sie über die Frage nachdenken.

Der Signifikator kann auf dieselbe Weise ausgewählt werden wie beim Tarot. Auch die sonstigen Abläufe, mit Ausnahme des »Abhebens«, sind bei Karten und Steinen sehr ähnlich. Die einzige Schwierigkeit könnte sein, dass Ihr Stein möglicherweise nicht in eine aufrechte oder umgekehrte Position fällt. Wenn diese Situation eintritt, schlage ich vor, die Rune in die Position zu drehen, die im Uhrzeigersinn (der Richtung der ungehindert fließenden Zeit) als nächstes kommt. (Siehe auch nachfolgende Abbildung auf Seite 44.)

Keines der beiden Systeme (Runen oder Tarot) ist besser als das andere, nur eben anders. Sie werden im Laufe der Zeit feststellen, welches von beiden sich für Ihre Hände besser anfühlt. Im Allgemeinen ziehe ich die Runen vor, kenne aber viele Leute, die lieber zum Zahnarzt gehen als ihre Tarot-Karten aufzugeben.

Bei der Arbeit mit Ihrem Orakel spielt sich wahrscheinlich im Laufe der Zeit eine Art Ritual vor der eigentlichen Befragung ein. Vielleicht entzünden Sie eine Kerze, spielen Musik ab, verbrennen ein Räucherstäbchen oder stimmen sich mit einer anderen Konzentrationshilfe auf den veränderten Bewusstseinszustand ein. Wenn Sie bemerken, dass sich ein bestimmtes Ritual entwickelt, behalten Sie es bei! Die wiederholte Wahrnehmung von Klang, Licht oder Düften oder irgendeine andere

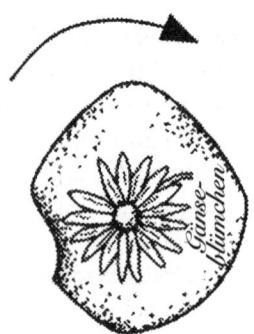 

Im Uhrzeigersinn zur Seite gedreht → aufrechte Position

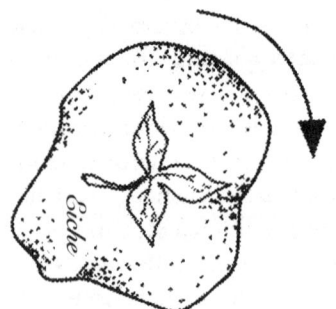 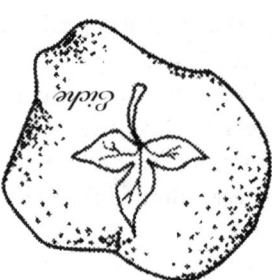

Im Uhrzeigersinn zur Seite gedreht → umgekehrte Position

»sinnliche« Erfahrung hilft dem Verstand, sich vom Alltäglichen zu lösen und auf die Welt jenseits unseres normalen Bewusstseins zu konzentrieren.

Ich möchte noch eine Empfehlung aussprechen: Sie sollten darüber nachdenken, sich ein kleines Tagebuch Ihrer persönlichen Deutungen anzulegen. Es ist zwar üblicherweise nicht anzuraten, sich selbst die Karten zu legen, wenn man beunruhigt ist (die negative Energie beeinflusst Ihre Wahrnehmung der ausgewählten Karten), aber regelmäßige, allgemein gehaltene Deutungen für sich selbst können überaus lohnenswert sein. Wenn Sie diese Informationen in einem Tagebuch festhalten, können Sie sich jederzeit darauf beziehen und nachsehen, wie korrekt und erfolgreich Ihre intuitive Arbeit allmählich wird. Wie bei jeder Methode machen nur Zeit und Übung den Meister, aber mit einem gut geführten Weissagungstagebuch können Sie Ihre Fortschritte doch zumindest überwachen.

Das Tagebuch fungiert nicht nur als Messinstrument Ihrer prophetischen Talente, es wird auch zu einem Ort, an dem Sie Ihr spirituelles Wachstum beobachten können. Im Laufe der Zeit werden Sie sehr wahrscheinlich feststellen, dass die früheren Gedanken in Ihrem Tagebuch im Vergleich zu den gegenwärtigen fast simpel erscheinen. Ihre persönlichen Gedanken zu jeder Deutung werden reicher werden, sich verändern und im Laufe Ihres Entwicklungsprozesses Transformationen offen legen, die andernfalls unbemerkt geblieben wären. Auf diese Weise garantiert Ihnen die Arbeit mit dem Orakel nicht nur ein Verständnis verschiedener schwieriger Situationen, sondern ermutigt Sie auch auf Ihrem Weg, indem es Ihnen hilft, Ihr Bewusstsein für Ihre Weiterentwicklung zu schärfen.

Methoden der Befragung

Im Interesse der Einfachheit habe ich diese Auslegungen so beschrieben, als wäre von einem Tarotspiel die Rede. Wenn Sie sich für das Runen-Orakel entschieden haben, legen Sie die Runen, die Sie für das Reading ziehen, einfach in demselben Muster aus, wie es für die Karten gezeigt wird, und deuten sie entsprechend. Falls Sie eine Hand voll frisch gepflückter Pflanzen aus dem Freien mitgebracht haben, dann schließen Sie Ihre Augen, wählen eine nach der anderen aus, und legen sie auf dieselbe Weise.

Die tägliche Führung

Diese Auslegung wird in derselben Weise vorgenommen, wie einige Leute morgens in ihr Horoskop schauen, die Wolken inspizieren, um das Wetter vorherzusagen, oder einen Runenstein ziehen und die dazugehörige Interpretation lesen, um zu erfahren, was der Tag für sie bereithält. In diesem Fall versuchen Sie, Ihren Geist von allen Fragen zu befreien, außer denjenigen, die für Ihre Aktivitäten an diesem Tag wichtig sind. Mischen Sie die Karten gründlich, ziehen Sie eine Karte, und lesen Sie die entsprechende Erklärung in diesem Buch (oder diejenige, die Sie für sich selbst aufgeschrieben haben). Reagieren Sie dann entsprechend auf die Situationen, mit denen Sie konfrontiert werden.

Wenn Sie beispielsweise an diesem Tag ein Bewerbungsgespräch führen müssen und die Geißblattkarte in umgekehrter Position ziehen, dann deutet alles darauf hin, dass Sie irgendwann im Laufe des Tages auf einen Mangel an Ehrlichkeit oder Aufrichtigkeit stoßen. Deswegen sollten Sie bei einem Angebot, das zu gut klingt, um wahr zu sein, Vorsicht walten lassen.

Vergangenheit, Gegenwart und Zukunft
(Grundlage, Maßnahmen und Ergebnis)

Abgesehen von der eben vorgestellten ist diese Deutungsmethode die einfachste. Am besten wendet man sie bei unkomplizierten Fragen an, bei denen man sich Sorgen um die Antwort macht. Der Signifikator kommt auf Punkt (A). Die erste Karte von oben kommt auf Platz (B), die Position der Vergangenheit beziehungsweise dessen, was einer Situation zugrunde liegt. Die zweite Karte geht an die Spitze (C) für die Gegenwart und die Handlungen, die jetzt nötig sind. Die letzte Karte (D) steht für das Ergebnis oder die unmittelbare Zukunft.

(C)

(B)   (A)   (D)

Von seiner Position aus kann der Signifikator auf alle anderen Karten einwirken. Die Karte auf Position (C) nimmt den stärksten Einfluss auf den Fragesteller. Doch die Karte auf Position (B) kann Auswirkungen darauf haben, wie sich dieser Einfluss anfühlt. Ebenso beeinflusst die Karte auf Platz (C) die Karte auf Platz (D), sodass Sie kein stagnierendes Bild bekommen, sondern eine fließende Deutung.

Deutungsbeispiel

Frage: Wie wird sich mein Umzug nach New York auf meine Beziehungen auswirken?

Karten: (A) Jasmin umgekehrt (zufällig gezogen)
        (B) Zinnie aufrecht
        (C) Butterblume aufrecht
        (D) Nelke aufrecht

Deutung:

Selbst: Das momentane Bedürfnis, sich auf seine Empfindsamkeit zu verlassen. Vertrauen Sie nichts, was zu gut klingt, um wahr zu sein. Achtung: Prüfen Sie Ihre Entscheidungen sorgfältigst. Jemand in Ihrer Nähe könnte nicht ganz ehrlich zu Ihnen sein.

Vergangenheit/Grundlage: Die Zinnie in aufrechter Position ist für gewöhnlich eine Karte der Freundschaft. Da sie hier jedoch auf der Position der Vergangenheit liegt, würde ich sagen, dass entweder ein Freund vor kurzem weggezogen ist oder eine Freundschaft aus dem einen oder anderen Grund bald ihr Ende findet. Da die Karte in aufrechter Position erscheint, ist dieses Ende weder bitter noch böse, sondern nur eine Notwendigkeit. In dieser Position weist die Zinnie auch auf den Kern Ihrer Frage hin, nämlich die Entwicklung Ihrer Beziehungen.

Gegenwart/Maßnahmen: Eine Verbesserung der finanziellen Situation. Das könnte darauf hinweisen, dass Sie wegen einem neuen Job umziehen oder Ihr Umzug eine Anstellung zur Folge haben wird, die besser ist als diejenige, die Sie bis jetzt hatten. Andererseits rät diese Karte zu Geduld in allen Dingen. Es wird möglicherweise etwas dauern, bis Sie an einem fremden Ort neue Freundschaften aufgebaut haben, aber die aufrechte Position der Karte sagt vorher, dass diese Freundschaften kommen werden, wenn Sie es am wenigsten erwarten.

Zukunft/Ergebnis: Erfolg! Gesellschaftliche Ereignisse, Bewunderung von Geschäftspartnern – diese Karte lässt darauf schließen, dass sich Ihr Umzug sowohl privat als auch beruflich als sehr segensreich erweist. Ziehen Sie voller Selbstvertrauen los, und verlassen Sie sich darauf, dass Ihre Intuition Sie führen wird.

Die vier Winde

Diese Auslegungsmethode bezieht sich auf die Bedeutung der vier Winde (auch der vier Himmelsrichtungen) und ist somit wieder eine Verbindung zur natürlichen Welt. Beginnen Sie mit Ihrem Signifikator in der Mitte (A), ziehen Sie dann nach Osten (B), wo sich die Sonne erhebt, nach Süden (E), Westen (D) und schließlich nach Norden (C).

(E)

(D)   (A)   (B)

(C)

Die wichtigsten Zwischenbeziehungen gibt es hier zwischen (D) und (B) sowie zwischen (C) und (E), mit nicht ganz so starken Einflüssen von (C) auf (B), von (B) auf (E), von (E) auf (D) und von (D) auf (C) (im Uhrzeigersinn).

Wir beginnen im Osten, mit der aufgehenden Sonne, und finden dort den Wind von Intellekt, Geschäft und Erneuerung. Das ist die Karte der eher profanen Angelegenheiten, der Verstandesdinge, der Ausbildung und so weiter. Im Zusammenhang mit Ihrer Frage weist sie auf das allgemeine Klima in Bezug auf diese Punkte hin.

Der Südwind ist der Wind der Macht, der drastischen Veränderungen und der Kraft. Diese Karte zeigt an, wer Ihr größter Verbündeter ist, wo Ihre Quelle kreativer Energie liegt oder welchen Veränderungen Sie sich stellen müssen, um positive Lösungen zu erzielen. Aufgrund ihrer Wildheit lässt sich an der Südkarte die ganze Person (Körper, Verstand und Geist) ablesen.

Der Westwind ist kühl und feucht, ein Wind, der die momentan fruchtbarsten Projekte für den Fragesteller aufzeigt.

Da diese Brise uns wie ein beruhigender Balsam begrüßt, kann
sie auch in einer Situation Vorschläge machen, in der positive
Veränderungen unbedingt notwendig sind. Der Westwind ist
außerdem ein spiritueller Wind und kann dem Fragesteller Anregungen für seinen spirituellen Weg geben.

Der Nordwind schließlich bringt die Kälte des Winters. Er
weist auf überholte Vorstellungen oder Gewohnheiten hin, an
denen man arbeiten sollte. Er ist auch der Wind, der uns jene
Bedürfnisse aufzeigt, die mit der körperlichen Gesundheit zu
tun haben.

Deutungsbeispiel

Frage: Warum scheinen sich in meinen Beziehungen immer
           wieder dieselben Muster zu wiederholen?

Karten: (A) Immergrün aufrecht (zufällig gezogen)
           (B) Iris umgekehrt
           (C) Klee aufrecht
           (D) Melisse aufrecht
           (E) Stechpalme umgekehrt

Deutung:

Selbst: Das Immergrün in aufrechter Position spricht in diesem
Blatt Bände über die Beziehung des Fragestellers zu sich selbst.
Meistens deutet es darauf hin, dass Beziehungsprobleme sehr
viel mit einem Mangel an Selbstvertrauen und Selbstachtung
zu tun haben. Der Fragesteller ist sich seiner selbst so unsicher,
dass sich andere in seiner Gegenwart unwohl fühlen und seine
Beziehungen somit im besten Fall sehr stürmisch verlaufen.

Osten: Die Iris in umgekehrter Position lässt vermuten, dass
zu viele Projekte begonnen werden und man sich selbst immer
wieder zurückstellt. In Bezug auf die Selbst-Karte würde ich

sagen, dass der Fragesteller aufgrund seines mangelnden Selbst-
wertgefühls dazu neigt, andere Leute dadurch beeindrucken
zu wollen, dass er sich unablässig freiwillig meldet. Hier lautet
mein Rat, langsamer vorzugehen und lieber *eine* Sache gut zu
machen, als viele Dinge nur halb.

Süden: Zu Ihrem Vorteil gereicht, dass Sie ein erstaunlich
hohes Maß an persönlicher Energie und viele kreative Ideen
haben, die Sie in jedes Projekt einbringen können. Ihre Stärke
ist es, wunderbare Möglichkeiten und/oder Gelegenheiten zu
erkennen. Doch im Hinblick auf Ihre Ostkarte kann das auch
zu Ihrem Wunsch beitragen, mehr zu vollbringen, als man an
einem Tag bewerkstelligen kann. Da Sie Visionen haben, besteht hier die Notwendigkeit, sie zu beschränken und einen
Schwerpunkt zu finden. Sobald Sie das tun, stellt sich der Erfolg automatisch ein.

Westen: Ihr persönliches Bedürfnis nach Unterstützung und
positiven Reaktionen. Auch hier muss die Seele geheilt werden,
wie es schon bei der Selbst-Karte angesprochen wurde. Die
Zeit ist gekommen, um sich mit den Erfahrungen der Kindheit
auszusöhnen. Sie werden aufgefordert, die Vergangenheit in die
richtige Perspektive zu rücken, damit Sie sich mit neuem Vertrauen weiterbewegen können. Aufgrund ihrer Position im Blatt
würde ich sagen, dass die Melisse auf eine starke Neigung hinweist, das Geschenk der Heilung in Ihrem spirituellen Leben
anzunehmen und weiterzugeben. Folgen Sie Ihrem Wunsch,
anderen zu helfen, solange Sie auch daran denken, sich selbst
zu helfen.

Norden: Legen Sie die Angewohnheit ab, zu sprechen, bevor
Sie denken. Diese Karte scheint darauf hinzuweisen, dass ein
Teil Ihrer Beziehungsprobleme sehr viel mit unwirksamer oder
unklarer Kommunikation zu tun hat. Mit hoher Wahrschein-
lichkeit stammt diese Neigung aus Ihrer Unsicherheit, ob Ihre
eigenen Ideen der Beachtung wert sind. Entspannen Sie sich.

Machen Sie sich klar, dass Sie gute Ideen haben, und legen Sie sie ruhig dar. Wenn Sie erst einmal an sich selbst glauben, werden auch die Menschen Ihrer Umgebung auf Ihre Worte hören und darin große Schätze entdecken!

Die fünf Blütenblätter (das Pentagramm)

Dieses Legemuster ist auf spirituelle Angelegenheiten abgestimmt. Die fünf Blütenblätter, die auf dieselbe Weise wie ein Pentagramm ausgelegt werden, stellen die Elemente Luft, Erde, Feuer, Wasser und Geist (manchmal auch Äther oder Leere genannt) dar.

(B)

(F)   (A)   (C)

(E)   (D)

In der Position der Luft (B) befinden sich die psychischen Einflüsse, die momentan auf Ihr Leben einwirken. Diese Karte befasst sich auch mit dem bewussten Verstand und mit Angelegenheiten, die sorgfältiger Überlegung bedürfen. Es ist die Spitze der Frage beziehungsweise der Situation.

Die Erde (C) macht Aussagen über unser körperliches Befinden, über Wachstum, finanzielle Angelegenheiten und den kreativen Funken in unserem Innern.

Das Feuer (D) ist eine reinigende Kraft, eine Energie. Für gewöhnlich erhitzt es eine bestimmte Situation, um so Wachstum und Veränderung zu ermöglichen.

Das Wasser (E) teilt verborgene Dinge mit, Dinge, die etwas unterhalb der Oberfläche einer Situation liegen, im Unterbewusstsein – ganz besonders Emotionen.

Der Geist (F) ist die Transformation, das Ergebnis der Situation oder Frage, sobald der Schritt von B nach E ganz gemacht wurde.

Deutungsbeispiel

Frage: Sollte ich dieser Arbeitsgruppe beitreten?
Karten: (A) Mandel aufrecht (zufällig gezogen)
   (B) Gänseblümchen aufrecht
   (C) Butterblume umgekehrt
   (D) Fenchel aufrecht
   (E) Myrte aufrecht
   (F) Nelke aufrecht

Deutung:

Selbst: Hoffnung hinsichtlich der Situation, möglicherweise jedoch eine Hoffnung, die nicht durch die richtige Perspektive ausgeglichen wird. Es gibt eine Gelegenheit, vielleicht jedoch nicht die nächste, die sich Ihnen bietet. Der Rat lautet, sich bei jeder Entscheidung Zeit zu lassen.

Luft: Ein Gefühl der Unschuld umgibt Sie, zusammen mit reinen Absichten. Das weist darauf hin, dass Sie sich dieser Arbeitsgruppe aus den richtigen Gründen anschließen wollen. Bleibt nur die Frage, ob es die passende Gruppe für Sie ist.

Erde: Eine Warnung, dem ersten Eindruck zu vertrauen, egal, um was es sich handelt, insbesondere aber in finanziellen Angelegenheiten. Wenn diese Gruppe Geld verlangt, damit Sie ihr beitreten können, dann lautet der Rat, zuerst zu prüfen, wie diese Gelder eingesetzt werden, um ganz sicher zu gehen, dass alles seine Ordnung hat.

Feuer: Alte Gewohnheiten und Ängste, die Sie gequält haben, können jetzt vollständig aufgegeben werden. Vielleicht haben

Sie Angst, vor einer Gruppe zu sprechen, oder sind ganz allgemein im Beisein anderer nervös. Diese Karte weist darauf hin, dass Ihre Entscheidung in Bezug auf diese Gruppe – gleichgültig, wie sie ausfällt – Ihnen irgendwie auch neue Freiheiten in anderen Bereichen Ihres Lebens schenken wird.

Wasser: Etwas, das Sie sich wünschen oder worauf Sie hingearbeitet haben, steht kurz vor der Verwirklichung. Sie mögen vielleicht durch den bisher geringen Fortschritt verunsichert sein, aber geben Sie nicht auf. Sie *sehen* das Wachstum einfach nicht, obwohl es da ist, gewissermaßen unter der Wasseroberfläche. Jetzt sind Ausdauer und Geduld gefragt, um dieses Wachstum in Ihr Blickfeld zu rücken.

Geist: Bewunderung, gesellschaftliche Anlässe, Freude! Diese Karte verheißt überaus günstige Auswirkungen Ihrer Entscheidung. Andere werden Sie in einem neuen Licht sehen, und vielleicht können Sie sogar feststellen, dass Ihr Selbstwertgefühl enorm zunimmt.

Die sechs Blütenblätter (das Hexagramm)

Der Signifikator kommt auf Position (A). Position (B) verkörpert den Überblick über die Situation und die wichtigsten Einflüsse, die darauf einwirken. (C) steht für die Angelegenheiten der jüngsten Vergangenheit, die einen Bezug zu der anstehenden Frage haben. (D) symbolisiert die Gegenwart. Diese Position zeigt häufig Emotionen, Aktionen oder Gedanken des Fragestellers im Hinblick auf seine Frage. (E) ist die Karte der verborgenen Ströme, des Unsichtbaren. Hier werden die Dinge, die man bislang eventuell übersehen hat, als Basis für die Frage zutage gefördert. (F) verkörpert die Maßnahmen, die man in der Gegenwart oder der nahen Zukunft ergreifen sollte, und (G) ist die Ergebniskarte.

(B)

(G)   (C)

(A)

(F)   (D)

(E)

Deutungsbeispiel

Frage: Sollte ich den neuen Job annehmen, der mir angeboten
         wurde?

Karten: (A) Löwenzahn (zufällig gezogen)
         (B) Geißblatt aufrecht
         (C) Flieder umgekehrt
         (D) Fenchel aufrecht
         (E) Klee umgekehrt
         (F) Moos umgekehrt
         (G) Myrte aufrecht

Deutung:

Selbst: Ein Gefühl der Unsicherheit und Nervosität. Aus irgendeinem Grund fühlen Sie sich im Hinblick auf die neue Firma
oder die Stelle, die Ihnen angeboten wurde, nicht wohl. Diese
Karte ist weder positiv noch negativ, sondern kündet einfach
davon, dass das Schicksal seine Hand im Spiel hat.

Überblick: Der Ratschlag, sich selbst zu vertrauen – Sie
werden schon das Richtige tun. Es ist die Karte der ehrlichen
Geschäfte und der Integrität. Gleichgültig, was die anderen
sagen, Sie müssen auf Ihre innere Stimme hören und ihr folgen.

Vergangenheit: Eine Leidenschaft oder ein Interesse, das
einen Großteil Ihrer Zeit und Aufmerksamkeit beansprucht
hat, möglicherweise auf Kosten gleichermaßen wichtiger Dinge.

Was Sie in dieser Phase getan haben, wirkt sich direkt auf das aus, was gegenwärtig geschieht.

Gegenwart: Ein Kraut für Schutz und Stärke. Ich würde sagen, dass diese Karte auf Ihre Bedenken hinweist, ob Sie wirklich den mit der Position verbundenen Aufgaben gerecht werden können.

Grundlage: Frustration, Pech und unglückliche Umstände. Was immer zu diesem Stellenangebot geführt hat, es war wie ein Wirbelwind, von dem Ihnen immer noch ein wenig schwindelig ist. Alles geschieht viel zu schnell, als dass Sie sich ein Bild machen könnten. Ich habe außerdem das Gefühl, dass dies direkt mit Position (C) in Zusammenhang steht, wo Ihre Handlungen wahrscheinlich zu Gefühlen der Frustration geführt haben.

Maßnahme: Warnung davor, in Hinblick auf eine bestimmte Situation naiv oder launenhaft zu sein. Gehen Sie nicht so im Augenblick auf, dass Sie Ihre Perspektive verlieren. Werfen Sie einen kritischen Blick auf Ihre Vorgehensweise und Ihre Motivation, und fällen Sie erst dann Ihre Entscheidungen.

Ergebnis: Wie immer Ihre Entscheidung aussehen mag, verteidigen Sie sie mit aller Kraft. Hier werden Ihnen Ihre Hingabe und Ihre Überzeugungen Respekt einbringen, selbst von Leuten, die mit Ihrer Entscheidung ursprünglich nicht einverstanden waren. Geben Sie nicht auf!

Die volle Blume

Dieses Legemuster ist ziemlich detailliert und eignet sich besonders gut für Fragen komplexer Natur sowie für jene, die mehr als ein einfaches »Ja« oder »Nein« als Antwort erfordern. (S) ist der Fragesteller und wird am besten zufällig gezogen. Diese Position weist auf die Stimmung oder die vorherrschenden Gedanken des Fragestellers hin. (A) ist das Fundament der

Blume und somit die Wurzel des Problems beziehungsweise der Situation. Diese Karte lässt sich am schwersten deuten, denn wie die meisten Pflanzenwurzeln verkörpert sie etwas Verborgenes oder Unsichtbares.

```
        (G)        (H)

    (F)    (S)         (I)

        (E)      (J)

        (D)

        (C)

        (B)

            (A)
```

(B) weist auf Umstände oder Personen, die das Problem beziehungsweise die im Zentrum der Aufmerksamkeit stehende Angelegenheit noch verschlimmern. (C) ist die Karte der Hindernisse, die dem Fortschritt im Weg stehen oder allgemein zu Frustrationen führen. (D) spricht von den Dingen der jüngsten Vergangenheit, die in direktem Zusammenhang mit der Situation stehen können. (E) verkörpert die unmittelbare Zukunft, wenn alles so weitergeht wie bislang. (F) ist das Hier und Jetzt, die Gegenwart und der persönlich bedeutsamste Faktor in der fraglichen Angelegenheit. (G) ist die Karte, die Hoffnungen und Ängste symbolisiert. (H) kündet von etwas oder jemandem, von dem Sie Kraft und Ermutigung schöpfen. (I) ist das Umfeld, mit dem Sie arbeiten müssen und gleichzeitig die Karte, die Handlungsschritte von Ihrer Seite anrät. (J) ist die Ergebniskarte.

Deutungsbeispiel

Frage: Verfolge ich die beste Vorgehensweise, durch die ich
         meine persönlichen Fähigkeiten zur Entfaltung brin-
         gen kann?

Karten: (A) Lavendel aufrecht (zufällig gezogen)
         (B) Flieder umgekehrt
         (C) Klee umgekehrt
         (D) Kamille aufrecht
         (E) Moos aufrecht
         (F) Mandel aufrecht
         (G) Espe umgekehrt
         (H) Gänseblümchen aufrecht
         (I) Myrte aufrecht
         (J) Stechpalme aufrecht

Deutung:

Grundlage: Die Antwort auf Ihren Herzenswunsch ist nicht
weit entfernt. In Hinblick auf die anstehende Frage kündet
diese Karte auch von einem Angebot, das Sie abwägen und auf
das Sie reagieren müssen. Wie immer Ihre Wahl auch ausfällt,
die Lavendel-Karte sagt voraus, dass Ihre Entscheidung hervorragend sein wird.

Umstände: Der umgekehrte Flieder scheint davor zu warnen, eine völlig neue Richtung einzuschlagen. Beständigkeit
und ausgeglichenes Vorgehen bringen jetzt die besten Ergebnisse.

Hindernisse: Der umgekehrte Klee spricht von einer scheinbaren Pechsträhne, die jedoch nur kurz ist. Kleinere Ärgernisse,
unerwartete Ausgaben und andere Schwierigkeiten mögen
Ihre Laune trüben, aber fassen Sie sich ein Herz: Das Beste
kommt noch.

Jüngste Vergangenheit: Erhöhte Energie für ein bestimmtes Ziel oder einen speziellen Zweck, als ob Sie sich selbst auf die Verwirklichung Ihrer Träume ausgerichtet hätten. Wenn man die Karten bedenkt, die bislang schon gelegt wurden, scheint dieser Zeitaufwand die Mühe wert zu sein.

Unmittelbare Zukunft: Eine neue Freundschaft oder nützliche Bekanntschaft wird sich bald entwickeln. Häufig findet dieser Kontakt auf einer Schüler-Lehrer-Ebene statt, daher kann diese Karte bedeuten, dass Sie einen Mentor finden, der Ihre Talente fördert.

Gegenwart: Ein Zeichen für Ihre Besorgnis, aber auch für Ihre hoffnungsvolle Einstellung. Lassen Sie Ihre Nerven nicht die Oberhand gewinnen. Die Mandel wird dem Element Luft zugeschrieben, auch in Ihrem Leben haben sich definitiv die Winde erhoben. Haben Sie Geduld.

Hoffnungen/Ängste: In Ihrem Hinterkopf lauert eindeutig eine Angst, die darauf schließen lässt, dass ein Mangel an Selbstbewusstsein oder gar alte Unsicherheiten an Ihnen nagen. Die Bedeutung dieser Situation für den Rest Ihres Lebens mag Ihnen überwältigend erscheinen und rückt diese Ängste in den Mittelpunkt Ihres Denkens. Achten Sie nicht weiter auf diese Ängste; sehen Sie in ihnen einfach ein Nebenprodukt Ihres Eifers und Ihrer Hoffnung auf Erfolg, ansonsten kann die Furcht zum Hindernis werden.

Stärke: Ihre größte Stärke erwächst wahrscheinlich aus Ihrer Fähigkeit, vertrauensvoll wie ein Kind zu sein und Freude am Leben zu haben, sowie aus neuen sensitiven Fähigkeiten, die sich allmählich zeigen. Selbstvertrauen und Freude werden Ihnen erlauben, möglichen Abschreckungen mit einem Lächeln und mit etwas Humor zu begegnen, während Ihre innere Stimme Führung bietet.

Maßnahmen: In dieser Position rät die Myrte zu fortgesetztem Eifer und Begeisterung. Selbst wenn sich jemand an Ihren

Ideen stört, Ihre Hingabe an Ihr Ziel wird in höchstem Maße respektiert und Ihnen bei der letztendlichen Verwirklichung helfen.

Ergebnis: Die Stechpalme ist ein Hinweis auf gute Wünsche und Feierlichkeiten. Auch das spricht von Ihrer Fähigkeit, Ihre Perspektive zu wahren, Ihr Leben zu organisieren, und stets auf eine gute Gelegenheit vorbereitet zu sein. Angesichts der Frage und der anderen Karten scheint Ihr gegenwärtiger Kurs Früchte zu tragen. Sie müssen zwar noch etwas Geduld haben, bis Sie den Lohn für Ihre Mühe empfangen können, aber der Sieg wird in der Tat süß schmecken!

Sowohl in Bezug auf diese Befragungsmethoden als auch auf jene Lesarten, die man normalerweise mit dem Tarot in Verbindung bringt, spricht überhaupt nichts dagegen, ein eigenes Muster zu entwickeln, um Ihrem Weissagungswerkzeug eine noch persönlichere Note zu verleihen. Bei den eben vorgestellten Befragungsmethoden habe ich versucht, eine visuelle Wirkung zu finden, bei der Form und Funktion zueinander passen. Mit anderen Worten, das Muster, das die Karten bilden, ähnelt einem Blütenblatt oder anderen Formen, die üblicherweise bei magischen Übungen mit symbolischem Gehalt vorkommen, insbesondere bei jenen, die einen Bezug zur Natur haben.

Jede Befragungsmethode, die Sie persönlich entwerfen, sollten Sie – wie schon Ihre individuellen Interpretationen – mit all ihren Bezügen schriftlich festhalten, damit Sie später jederzeit nachschlagen können. Wenn Sie feststellen, dass Ihre Methode hervorragend funktioniert, dann können Sie diese Lesart mit Freunden teilen, die mit ähnlichen Weissagungssystemen arbeiten. Diese Art der Netzwerkbildung wird das Leben vieler Menschen bereichern, einschließlich Ihrem eigenen.

❧

Die Sprache
der Blumen und Kräuter

Die Menschen haben, wie die Pflanzen,
verborgene Anlagen, die nur der Zufall allein offenbart.

HERZOG FRANCOIS DE LA ROCHEFOUCAULD

Die Menschen der viktorianischen Ära liebten ihre »Gesellschaftsspiele« fast ebenso sehr wie ihre Blumen. Während dieses Zeitalters wurden beim nachmittäglichen Tanztee und fast
allen gesellschaftlichen Anlässen regelmäßig hoffnungsvolle Prophezeiungen getätigt. Um die Jahrhundertwende zeichneten sich
im Bewusstsein der Menschen Veränderungen ab, die zu einem
wachsenden Interesse am Okkulten führten – bis hin zu dem
Punkt, wo mystische Erfahrungen als segensreich für die geistige Gesundheit erachtet wurden. Vielleicht war es die ehrliche
Neugier, mehr über das eigene Schicksal zu erfahren, oder der
aufblühende Geist der Individualität. Wie dem auch sei, Weissagungen von Laien wurden zu einem zentralen Bestandteil
des viktorianischen Gesellschafts- und Privatlebens.

Auf gewisse Weise war diese Akzeptanz des Magischen eine
ungewöhnliche Entwicklung für ein Volk, das überwiegend
christlichen Glaubens war. Der Durchschnittsmensch hing
häufig irgendeinem Aberglauben an, ging zu Leuten, die aus
Teeblättern wahrsagten, und beobachtete die Mondphasen,
um den richtigen Zeitpunkt für alltägliche Verrichtungen zu

bestimmen – vom Aussäen bis zum Haareschneiden. Nur wenige dieser Menschen hielten solche Dinge für »magisch«. In der Tat erlangten die meisten ihr Wissen wahrscheinlich durch mündliche Überlieferung von ihren Eltern, anderen Familienangehörigen oder Freunden.

Wie bei den Privathäusern konnte man unter Umständen auch über dem Eingang einer Dorfkirche kleine Zweige mit »schützenden« Kräutern finden. Die Geistlichen hielten solche Dinge für ein Symbol der göttlichen Gnade. Der einfache Mann von der Straße billigte einfach, was für ihn immer schon die Wahrheit war, nämlich die Tatsache, dass Kräuter und Pflanzen viele wundersame Kräfte besaßen und sich für eine Vielzahl von Bedürfnissen als nützlich erwiesen.

Aufgrund dieser weit verbreiteten Akzeptanz konnten Homöopathen, Medien und Heiler offen auftreten, ohne die Ängste, die wir heute kennen. Selbst geheimnisvolle orientalische Weltanschauungen, wie sie beispielsweise Swami Vivekananda auf drei sehr gut besuchten Vortragsreihen der Öffentlichkeit vorstellte, wurden neugierig aufgenommen. Dieses eifernde und bisweilen spielerische Interesse am Okkulten schien die spirituell ausgehungerte Atmosphäre zu kennzeichnen, die in dieser Zeit existierte.

Im späten 19. Jahrhundert ließ das Bedürfnis nach Ablenkung von den harten, langen Arbeitstagen jede mahnende Stimme verstummen, die von der Kanzel kommen mochte. Öffentliche Auftritte von Hellsehern und anderen Menschen mit übersinnlichen Fähigkeiten wurden zu einer Selbstverständlichkeit und waren überaus beliebt. Eva Fay galt als die begabteste Spiritualistin jener Zeit und trat oft in großen Varieteetheatern auf. Der Projektionstelepath Wolf Messing besaß ein derart bemerkenswertes Talent, dass selbst die prüfenden Augen von Albert Einstein und Sigmund Freud keinen Fehler in seiner Arbeit finden konnten. Menschen wie diese halfen, die Gründung zweier

Organisationen voranzutreiben: der Theosophischen Gesellschaft im Jahr 1875 und der American Society for Psychical Research im Jahre 1885.

Im häuslichen Bereich galt die Weissagung ebenfalls als modern. Die beliebtesten Formen waren jene, die sich ausführen ließen, ohne wirklich aussagekräftig zu sein. Dazu gehörten beispielsweise das Ouija-Board, die Handlesekunst, die Phrenologie (die Analyse der Schädelform), Tischerücken und Teeblattlesen.

So gesehen ist es verständlich, warum Weissagungstechniken als »Gesellschaftsspiele« so erfolgreich waren. Hunderte von Möglichkeiten, den künftigen Geliebten zu entdecken, festzustellen, wann man sein Getreide aussäen oder ernten sollte, und sogar Regenzeiten vorherzusagen, wurden von kreativen viktorianischen Denkern entwickelt. Wenn man beispielsweise einen Fremden mit einem Muttermal auf der Stirn traf, bedeutete dies in dem System, bei dem durch Muttermale geweissagt wurde, dass der Neuankömmling eines Tages große Besitztümer erwerben würde. Das ist nur ein Beispiel für die Vielzahl von Weissagungsarten, die um die Jahrhundertwende existierten. Es gab sogar eine Methode, wie man aus Staub wahrsagen konnte!

Wenn man sich mit dieser Faszination durch das Magische und dem sentimentalen Idealismus beschäftigt, der in diesen Jahren vorherrschend war, versteht man sehr leicht, warum damals auch Weissagungsmethoden mit Hilfe von Blumen oder Kräutern entwickelt wurden. Die Natur galt als das vollkommene Spiegelbild Gottes. Daher konnten natürliche Organismen göttliche Lektionen und Botschaften auf eine so herrliche Weise mitteilen, wie es kein Mensch vermochte. Dieser fundamentale Glaube an den göttlichen Funken in allen Dingen verleiht dem viktorianischen Orakel soviel Zauber und soviel Kraft.

Blumen- und Kräuterweissagungen

Wir kennen alle das Kinderspiel, ein Gänseblümchen zu pflücken und zu sagen »er liebt mich, er liebt mich nicht, sie liebt mich, sie liebt mich nicht«. Oder das fröhliche Haschen mit einem Freund, wenn man ihm eine Butterblume unters Kinn hält, um festzustellen, ob er Butter mag. Diese Form des Zeitvertreibs war bei unseren Altvorderen ebenfalls beliebt. Blumen und Pflanzen aller Art wurden in viktorianischen Häusern auf jede nur erdenkliche Weise, die der kreativen Hausfrau einfiel, verteilt.

Ob im Haus oder im Freien, neben der Schönheit bestand das größte Geschenk der Blütenblätter wohl in den vielen vergnüglichen Stunden, die man mit ihnen verbrachte. Bei einem bestimmten System der Blumenweissagung musste man in den Garten gehen und sich selbst einen kleinen Strauß pflücken. Währenddessen sollte man über seine Frage nachdenken, wie man das auch beim Tarot tut. Anschließend kehrte man mit dem Strauß in der Hand ins Haus zurück, zog eine Blume nach der anderen aus dem Strauß und schlug ihre Bedeutung nach. Um zu sehen, was die Gesamtheit der Blumen mitzuteilen geruhte, wurden die einzelnen Interpretationen für die endgültige Deutung am Schluss niedergeschrieben. Das einzige Problem bei dieser Methode bestand darin, dass viele die Blumensprache fließend beherrschten und Pflanzen auswählten, von denen sie wussten, dass sie ihre Frage am günstigsten beantworteten.

Blumen waren jedoch nicht die einzigen Pflanzen, die man zur Weissagung verwendete. Eine weitere Methode, bekannt unter dem Namen Daphnomantie, bedient sich frischer Lorbeerblätter. Diese kommen in eine Duftlampe (oder in ein offenes Feuer), während man sich auf eine Frage konzentriert. Es heißt, dass die Zeit für ein Vorhaben günstig ist, wenn die Blätter laut knacken und hell brennen. Schwelen sie dagegen oder gehen sie gar aus, stehen die Zeichen ungünstig. Werfen Sie eine Hand voll dieser Blätter auf einmal in den Kamin, und beobachten Sie die Flamme. Wenn sie in Aufwärtsrichtung zusammenwächst, ist das ebenfalls ein positives Zeichen. Drei Flammenspitzen bedeuten, dass die Umstände veränderlich sind und Energien verschmelzen, eine Spitze symbolisiert Entschlossenheit und Konzentration, und zwei Flammenspitzen bringen zum Ausdruck, dass ein Freund Ihnen bei der Erreichung Ihres Ziels helfen kann. Getrocknete Lorbeerblätter sind im übrigen ein angemessener und billiger Ersatz, wenn Sie keinen teuren, frischen Lorbeer bekommen können. Aber auch andere Kräuter, die in ihren magischen Eigenschaften mit der anstehenden Frage korrespondieren, eignen sich als Alternative.

Eine weitere Möglichkeit, mit Pflanzen wahrzusagen, besteht darin, ein Pendel aus ihnen zu machen. Nehmen Sie eine Schnur von der Länge Ihrer Hand plus ein paar Extrazentimeter, um das Blatt, die Blüte oder ein anderes Pflanzenteil mit drei Knoten daran zu befestigen. Gelb ist bei dieser Technik die traditionelle Farbe für die Schnur, da sie in der Sprache der Magie mit den Weissagungskünsten in Verbindung gebracht wird.

Wählen Sie Ihre Pendelpflanze entsprechend dem Thema, das bei Ihrer Frage im Mittelpunkt steht. Ein Lorbeerblatt eignet sich zum Beispiel gut für eine Frage, bei der es um die Konsequenzen einer Situation geht. Befestigen Sie das Blatt, stellen Sie Ihren Ellbogen auf eine Tischplatte, mit dem Ende der Schnur in Ihrer dominanten Hand (derjenigen, mit der Sie schreiben). Konzentrieren Sie sich auf die Frage. Wenn es nach ein paar Minuten keinerlei Bewegung gibt, bedeutet das, dass die Umstände derzeit für eine sichere Antwort zu verworren sind. Eine kreisrunde Bewegung gilt als positives Zeichen, eine nach vorn und wieder zurück dagegen als negatives.

Blumen- und Kräuteranwendungen

Die verschiedenen Teile einer Pflanze waren in gewisser Hinsicht ein nonverbales Kommunikationsmittel für die Liebenden der viktorianischen Jahre, insbesondere, wenn es darum ging, Gefühle mitzuteilen, die in jener Zeit als unschicklich galten und daher nicht erlaubt waren. So vermittelte alles, was den Duft einer bestimmten Pflanze trug, deren Botschaft. Wenn also eine junge Dame ihr Taschentuch, das mit Veilchenduft parfümiert war, fallen ließ, teilte sie damit unauffällig mit, dass ihre Bewunderung nicht nachlassen würde.

Die Menschen des viktorianischen Zeitalters liebten solch romantische Untertöne sehr. Es tauchten viele andere kleine Gegenstände, Karten und Bücher auf, die sich mit dieser duftenden Sprache befassten. Auf den folgenden Seiten werden einige der Pflanzen aus diesen Büchern beschrieben. Ihre Botschaften unterschieden sich hier und da ein wenig, da sie zum Teil einen persönlichen Bedeutungsgehalt hatten, aber größtenteils stimmten die Deutungen überein, sodass das duftende Vokabular von jedem unbefangen angewandt werden konnte, der es beherrschte.

Die Viktorianer liebten nicht nur gesellschaftliche Anlässe, sie waren auch ungeheuer pragmatisch. Nichts wurde verschwendet, Sparsamkeit hatte einen großen Stellenwert, und der kreative Einsatz der merkwürdigsten Dinge war in jedem Heim gang und gäbe. Aus diesem Grund wäre es nicht richtig, ein Buch über die viktorianische Blumensprache zu schreiben, das sich ausschließlich auf die Herstellung eines Orakels konzentriert. Stattdessen werden bei jeder Pflanze das Geschlecht, der Planet, das Element, die magischen Assoziationen und die Gottheiten aufgeführt, die üblicherweise mit ihr in Verbindung gebracht werden.

Wenn Sie in Sachen Magie noch wenig Erfahrung haben: Das Geschlecht bezieht sich auf die maskulinen oder femininen Eigenschaften, die der Blume vor Hunderten von Jahren zugeschrieben wurden. Unsere Vorfahren waren der Ansicht, dass alle Dinge in der Natur sich innerhalb dieser Grenzen bewegten. Häufig wurde das »Geschlecht« einer Pflanze auch von dem vorherrschenden Element (Erde, Luft, Wasser oder Feuer) bestimmt. Darüber hinaus finden Sie auch Informationen über Geschichte und Brauchtum sowie verschiedene magische Rezepte und Ideen für die praktischen und metaphysischen Anwendungen der diversen Pflanzen. Jedes Kapitel beinhaltet außerdem einige Vorschläge, wo Sie Bilder der Pflanze oder die Pflanze selbst bekommen können, um Ihr Orakel fertig zu stellen. Denken Sie bitte daran, dass Sie die Symbolik kombinieren können – insbesondere die der Farben, Runen und Platzierungen –, um die Gesamtwirkung Ihres Orakels zu vergrößern. (Siehe auch *Alternative Symbole für Ihr Orakel,* Seite 229 bis 258.)

Da viele der Rezepte, die ich hier vorstelle, zum Verzehr geeignet sind, warne ich Sie davor, bei der Zubereitung Pflanzen oder Pflanzenteile zu verwenden, die mit Pestiziden behandelt worden sind. Gartenbau, der auf den Einsatz von Chemikalien verzichtet, mag etwas schwieriger sein, aber die Inhaltsstoffe der meisten kommerziell hergestellten Ungezieferkeulen können Ihrer Gesundheit sehr abträglich sein. Außerdem bin ich davon überzeugt, dass natürliche Bestandteile für jede Art von erfolgreicher magischer Arbeit am besten sind.

Wenn Sie einige der Rezepte ausprobieren wollen, was ich stark hoffe, dann denken Sie daran, dass selbst bescheidene Kochkünste in eine magische Erfahrung verwandelt werden können, wenn man sie mit einigen Visualisierungsübungen, Chanting oder auch nur einem kleinen Lied verbindet. Ich weiß noch, wie meine Großmutter in meiner Kindheit oft ein

Lied summte, wenn sie am Backen war. Bis zu diesem Tag glaube ich, dass ihre ganze Liebe in diesem Lied und in dem Essen lag, das sie mit dieser fröhlichen Energie schuf. Man konnte sie tatsächlich *spüren*, während man aß!

Als ich die Liste der möglichen Pflanzen und Interpretationen in Hinblick auf die Verwendung in diesem Buch studierte, schien mir der Umfang fast überwältigend. Daher sind hier nur einige der am häufigsten erwähnten Pflanzen sowie deren Bedeutungen aufgeführt. Die Anwendungen im Rahmen der modernen Magie beschränken sich zweifellos nicht nur auf die Herstellung Ihres persönlichen Orakels. Hier sind noch weitere Vorschläge:

- Fügen Sie die getrocknete Pflanze einem Räucherwerk hinzu, das Sie für ein Ritual oder einen Zauber verwenden. Beispielsweise können Sie Heidekraut in Ihr Räucherwerk geben, wenn Sie einen Zauber durchführen, um Frieden in eine konfliktreiche Situation zu tragen.
- Geben Sie die getrocknete Pflanze in ein Duftkissen oder stellen Sie daraus ein Öl für magische Zwecke her. Laut der viktorianischen Blumensprache gehören in ein Liebesduftkissen oder ein parfümiertes Öl Myrte, Mandel und Klee für Liebe, Hoffnung und Glück. Alternativ können Sie aus Mandel, Fenchel und Eibe (Bewusstheit, Macht und Überzeugung) ein Öl zu Weissagungszwecken herstellen.
- Die Anforderungen unserer heutigen Welt lassen es nicht immer zu, während spezieller Mondphasen oder -stunden magisch zu arbeiten. Blumen und andere Pflanzen können jedoch auch während der geeigneten Zeit gepflückt werden, und dann zu einer passenderen Stunde mit derselben Wirkung verwendet werden. Vergessen Sie nicht, sorgfältig die Stunde, die Mondphase und die Planetenkorrelationen, als die Pflanzen gepflückt wurden, auf die Behälter zu schreiben.

Auf diese Weise können Sie die Pflanzen auch zu jeder anderen Zeit verwenden.

❧ Scheuen Sie sich nicht, auch andere Texte heranzuziehen, um die Einsatzmöglichkeiten der Blumensprache zu erhöhen. Schlagen Sie die Pflanzen, die Sie ins Auge gefasst haben, in einem guten Bestimmungsbuch nach. Verwenden Sie sie im Sinn ihrer Farbentsprechung oder anderer magischer Assoziationen. Ein Beispiel: Wenn Sie zufällig keine rote Kerze für einen Zauber haben, bei dem es um körperliche Energie geht, jedoch eine leuchtend orangefarbene Ringelblume, dann können Sie mit der Ringelblume anstatt mit der Kerze arbeiten! (Siehe auch den Abschnitt »Farbe« in *Alternative Symbole für Ihr Orakel,* Seite 229 bis 258.)

❧ Ich sollte an dieser Stelle erwähnen, dass Sie bei Ihrer Weissagungsarbeit die Richtung einer Blume auch umkehren können (das heißt, mit der Blüte nach unten), um die vorgeschlagene Bedeutung und Energie umzudrehen oder die Botschaft ganz aufzubrechen. Wenn Sie beispielsweise Klatsch oder Mobbing gegen eine bestimmte Person unterbinden wollen, versuchen Sie, während Ihres Zaubers oder Rituals eine Bartnelke zu zerdrücken, als Symbol für die Zerstörung dieses negativen Verhaltens.

❧ Verwenden Sie Pflanzen als Teil eines Kräuterpendels wie bereits beschrieben (siehe Seite 67).

❧ Stellen Sie eine Pflanze auf Ihren Altar, schmücken Sie damit einen magischen Kreis oder verwenden Sie sie für jedes andere kreative magische Projekt, um die Symbolik anzureichern. Weißdorn ist zum Beispiel die richtige Pflanze, um den Ritualplatz für eine Hochzeit zu dekorieren, da er das Symbol für Freude ist und als die heilige Blume der Göttin gilt.

Wenn Sie Ihre Kräuter und Blumen auf solch kreative Weise einsetzen, wird dieses Buch nicht verstauben, sobald Sie Ihr Orakel erstellt haben, sondern Ihre Zaubersprüche und Riten immer dann bereichern, wenn Sie eine der hier vorgestellten Pflanzen verwenden. Auf diese Weise kann ein wenig des viktorianischen Einfallsreichtums und der viktorianischen Ästhetik und Friedlichkeit in Ihr Leben fließen, nicht nur durch Ihr Orakel, sondern durch einfache Magie, geboren aus dem Ritual des Lebens, Tag für Tag.

Die Sprache der Blumen

Die Welt sehen in einem Körnchen Sand,
Den Himmel in einem Blütenrund,
Die Unendlichkeit halten in der Hand,
Die Ewigkeit in einer Stund.

WILLIAM BLAKE

Die tiefgehende Bewunderung für Blumen zeigt sich vielleicht am besten in der Tatsache, dass in der viktorianischen Pflanzensymbolik (und daher auch in diesem Buch) blühende Pflanzen alle anderen Gewächse zahlenmäßig weit übertreffen.

Man sollte noch anmerken, dass nach der Überzeugung der Viktorianer Blumen nicht nur eine Dekoration oder ein Modegag waren, sondern auch eine Kunstform verkörperten – in höherem Maße, als Sie das vielleicht erwarten würden. Neben den Blumenbüchern, von denen vorher die Rede war, fanden sich Arrangements aus getrockneten Blumen auch auf Schachteln, auf Wanddekorationen und bei modischen Accessoires (insbesondere auf Hüten). Blumen waren außerdem in der viktorianischen Küche sehr beliebt und wurden auf vielfältige Weise kulinarisch und medizinisch verwendet. Viele dieser Köstlichkeiten werden Sie auf den folgenden Seiten finden.

Butterblume

Geschlecht: männlich
Planet: Sonne
Element: Feuer

Magische Verbindung:
Jugend, Energie, Unschuld,
Weissagung, Wohlstand

Brauchtum/Geschichte

Viele von uns erinnern sich noch, wie sie als Kind einem
Freund oder einer Freundin diese kleine Blume unter das Kinn
hielten, um so herauszufinden, ob er oder sie Butter mochte.
Über die Butterblume ist zwar nicht viel geschrieben worden,
aber sie ist eine bezaubernde Ergänzung für jedes Arrangement
aus gepressten Blumen und jedes Frühlingssträußchen. Darüber hinaus bringt sie zweifellos schöne Erinnerungen an unsere
Jugend ans Licht.

Magisch gesehen ist die Butterblume gut geeignet für jeden
Zauber, für dessen Wirksamkeit feurige Energie notwendig ist,
sowie für Rituale, bei denen man verlorene Gegenstände wiederfinden, Kindheitserinnerungen heilen oder finanzielle Stabilität erzielen will.

Deutung

Aufrecht: Diese goldene Blume sagt eine Verbesserung Ihrer finanziellen Lage voraus. Vielleicht ist eine Gehaltserhöhung
unterwegs oder ein Geschenk von einem Freund beziehungsweise Familienangehörigen. Das Geld (oder ein wertvoller Ge-

genstand) kommt als angenehme, spontane Überraschung zu
Ihnen. Doch ein wenig Geduld ist schon vonnöten. Diese
Blume lockt uns mit einem Versprechen, aber die Mühlen des
Schicksals mahlen langsam, bis sich das gesamte Ergebnis ma-
nifestiert.

Umgekehrt: Die Butterblume fordert Sie auf, sorgfältig mit
Ihren Finanzen umzugehen. Gleichen Sie Ihr Konto aus, und
seien Sie misstrauisch gegenüber bargeldlosen Zahlungen von
Leuten, die Sie nicht gut kennen. Bestellen Sie vorübergehend
nichts über den Versandhandel, außer von einem verlässlichen
Anbieter. Möglicherweise kommt eine unvorhergesehene Rech-
nung oder die Reparatur eines wichtigen Geräts auf Sie zu,
darum sollten Sie für den Fall der Fälle etwas Geld auf die
hohe Kante legen. Wenn Sie eine Investition planen oder an der
Börse spekulieren wollen, dann sollten Sie zuerst alles gründlich überprüfen. Trauen Sie auf keinen Fall Ihrem ersten Eindruck; die Dinge sind nicht immer so, wie sie scheinen.

Chrysantheme

Geschlecht: männlich
Planet: Sonne
Element: Feuer

Magische Verbindung:
Schutz, Überleben, Humor

Brauchtum/Geschichte

Die Chinesen glauben, dass man länger lebt, wenn man Chrysanthemen isst. Tatsächlich ist diese Blume für Tee, Wein, Öl und Salat gut geeignet. Wenn Sie einen Salat anmachen wollen, der Sie schützt und Ihr Allgemeinbefinden verbessert, nehmen Sie die Blüten von zehn Blumen. Gründlich waschen, schnell in Salzwasser blanchieren, dann gekochte Kartoffeln, Schrimps, etwas Essig, klein geschnittene hart gekochte Eier und Pfeffer hinzufügen. Kühlen und mit einem Lächeln servieren!

Deutung

Aufrecht: In der viktorianischen Blumensprache kann die Chrysantheme auf ein Leben voller Leichtigkeit hindeuten, jedoch keines, das Ihnen auf einem Silbertablett gereicht wird. Stattdessen symbolisiert diese Blume eine Erholung, die Sie sich erarbeitet haben. Eine Zeit der Missgeschicke endet, eine Zeit, in der Ihr Sinn für Humor Ihr größter Verbündeter war. Machen Sie sich das jetzt, wo sich die Wolken auflösen, nicht zunichte. Lächeln Sie weiter! Bald wird es etwas überaus Greifbares geben, das Sie glücklich machen wird. Es mag zwar nichts

Großartiges oder Ausgefallenes sein, aber es wird Ihr Herz wärmen und Ihren Glauben erneuern.

Umgekehrt: Diese Karte kündet von einer harten Zeit, die am Horizont auftaucht. Irgendwie haben Sie Ihre Perspektive verloren, vielleicht eine schlechte Entscheidung gefällt, und nun ist es zu spät, um die Entscheidung zurückzunehmen, oder das, was Sie getan haben, ungeschehen zu machen. Sie können sich jedoch in den kommenden Tagen immer wieder in Erinnerung rufen, dass die Zukunft nicht in Stein gemeißelt ist. Sie haben die Macht, eine scheinbar mittlere Katastrophe in eine positive Situation zu verwandeln, wenn Sie es schaffen, Ihre Fröhlichkeit nicht zu verlieren, und erkennen, dass alle Fehler die Gelegenheit bieten, etwas zu lernen.

Fingerhut

Geschlecht: weiblich
Planet: Venus
Element: Wasser

Magische Verbindung:
Schutz

Brauchtum/Geschichte

Der Fingerhut wird häufig mit der Welt der Feen in Verbindung gebracht. Seine Blüten sind lavendelfarbig und röhrenförmig, und er stellt gegenwärtig eine der Hauptquellen für natürliches Digitalis dar, das gegen Herzbeschwerden verschrieben wird.

Die Pflanze kann bis zu 180 Zentimeter hoch werden und ist hervorragend für Hauswände oder als Abgrenzungsbepflanzung im Garten geeignet. Sie wächst auf unterschiedlichen Bodenarten und erzeugt mit etwas Alaun als Färbemittel einen hellgrünen Farbton. Im Allgemeinen ist der Fingerhut jedoch nicht für die Verwendung in der Küche und der Schönheitspflege geeignet, weil er bei unsachgemäßer Dosierung giftig ist.

Deutung

Aufrecht: Die Blume des Ehrgeizes. Wenn man den Fingerhut zieht, steht meist etwas, auf das man ernsthaft hingearbeitet hat, kurz vor der Vollendung. Sehr häufig weist diese Pflanze auch darauf hin, dass eine Phase der »Trächtigkeit« – oft etwas über ein Jahr, währenddessen das Ziel entwickelt und verfolgt wurde – vor ihrem Ende steht. Sie kündet vom Lohn für die Arbeit, die mit großem Engagement erledigt wurde. Im Hinblick auf Beziehungen kann sie darauf hindeuten, dass eine Ehe geschlossen wird, die lange hält. In beruflichen Dingen könnte ein Vertrag oder eine Beförderung ins Haus stehen. Auf der persönlichen Ebene ist sie häufig ein Hinweis, dass der Betreffende in einem bestimmten künstlerischen Medium seine Stimme gefunden hat, die von anderen geschätzt wird.

Umgekehrt: In dieser Position weist der Fingerhut warnend darauf hin, dass nichts Gutes entsteht, wenn Sie allzu ehrgeizig oder gierig sind beziehungsweise bei Ihren persönlichen Projekten böse Absichten verfolgen. Versuchen Sie nicht, etwas zu beschleunigen oder abzukürzen, was als langsamer Prozess des Wachstums gedacht ist. Wählen Sie aus Ihren Träumen und Visionen jene aus, die Sie wirklich dazu inspirieren, Ihr Bestes zu geben, und deren Verwirklichung realistisch ist. Prüfen Sie Ihre Motivation bei geplanten Aktivitäten doppelt, um sicherzugehen, dass Ihr Herz am rechten Fleck ist.

Flieder

Geschlecht: weiblich
Planet: Venus
Element: Wasser

Magische Verbindung:
Negativität bannen, Schutz,
Geister freisetzen

Brauchtum/Geschichte

Die Heimat des Flieders ist Kleinasien, sein persischer Name lautet *lilak*. 1597 tauchte er zum ersten Mal in Frankreich auf. In Russland wird die Pflanze zur Herstellung eines besonderen Mittels gegen Rheuma verwendet. Häufiger jedoch werden die Blütenblätter in Süßigkeiten, wie beispielsweise aromatisiertes Marzipan, gegeben.

Ich persönlich verwende Flieder am liebsten für die Herstellung eines Duftöls, das sich für Meditationen eignet oder einfach Freude bereitet. Fangen Sie mit zwei Tassen Sesam- oder Mandelöl an, die erwärmt und dann in eine dunkle Flasche gefüllt werden. Fügen Sie zwei Hand voll der Blütenblätter hinzu, und lassen Sie die Mischung an einem sonnigen Ort stehen, bis die Blüten fast durchscheinend sind. Wiederholen Sie das so oft wie nötig, um die gewünschte Stärke zu erhalten.

Deutung

Aufrecht: Der Flieder ist die Blume unserer ersten, unschuldigen Liebe. Diese Liebe kann einem Menschen oder einer Kunst gelten. Sie ist immer echt, tief und beständig und wird die Art und Weise verändern, wie Sie die Welt wahrnehmen. Ihr Herz strömt über vor Erregung, Sie würden am liebsten tanzen oder hüpfen, nur so zum Spaß. Wie ein Delphin, der aus den Fluten schießt, machen Sie emotionale Höhenflüge und scheinen über endlose Energiereserven zu verfügen. Doch die anfängliche Dynamik neuer Projekte wird letztendlich einem ruhigeren Tempo weichen. Versuchen Sie deshalb, mit den Füßen auf dem Boden zu bleiben. Auf diese Weise können Sie, wenn Sie denn landen, einfach weitergehen!

Umgekehrt: In dieser Position weist die Karte darauf hin, dass diese neue Leidenschaft Ihre gesamte Zeit und Aufmerksamkeit in Anspruch nehmen kann, bevor Sie es auch nur merken. Achten Sie jedoch darauf, dass Sie das nicht auf Kosten anderer, gleichermaßen wichtiger Angelegenheiten tut. Das Feuer der Liebe muss gleichmäßig geschürt werden, es darf nicht unkontrolliert züngeln, wenn es von Dauer sein soll.

Gänseblümchen

Geschlecht: männlich
Planet: Sonne
Element: Feuer

Magische Verbindung:
Schutz, Überleben, Humor

Brauchtum/Geschichte

Das Gänseblümchen – eine einfache, aber schöne Blume – wird bei der Zubereitung von verschiedenen Speisen und Getränken verwendet, insbesondere bei der Weinherstellung. Im 15. Jahrhundert waren Gänseblümchen für Salate sehr beliebt. Man nennt sie auch »Tausendschön« oder »Maßliebchen«.

Magisch betrachtet bietet das Gänseblümchen eine große Vielfalt an kreativen Möglichkeiten. Im Frühling ist das Gänseblümchen eine willkommene Ergänzung, um den Altar zu dekorieren oder den südlichen Teil eines Kreises zu symbolisieren. Im Sommer können die Blüten zu einem Sträußchen zusammengebunden werden. Getrocknete Gänseblümchen eignen sich gut für Räucherwerk, um die Atmosphäre Ihrer Wohnung zu verbessern und die Stimmung zu heben.

Deutung

Aufrecht: Das Gänseblümchen ist das Symbol für das innere Kind und für die Reinheit der Liebe. Wenn Sie diese Karte ziehen, kann das auf den Beginn einer spielerischen, gesunden Beziehung deuten, sei es zwischen zwei Liebenden oder zwei

Freunden. Es kann auch darauf hinweisen, dass Sie in Ihrem Leben den Geist der Einfachheit wiederentdecken, der Sie in Ihrer Jugend erfüllte. Schaffen Sie sich Freiräume in Ihrem Terminkalender, um liebe Freunde zu besuchen oder ein Picknick auf dem Land zu genießen. Es ist eine wunderbare Gelegenheit, die Welt neu zu entdecken, von den Schlammspielen und dem Herumtoben in den Wäldern bis zu den stillen Ruhepausen unter einem Baum. Freuen Sie sich daran! Aufgrund der engen Verbindung von Gänseblümchen zu Liebeszauber und Weissagung können Sie außerdem neue spirituelle oder mediale Talente in sich entdecken. Versuchen Sie, offen zu sein, und lernen Sie, Ihr Geschenk mit dem angemessenen Respekt zu gebrauchen.

Umgekehrt: Diese Karte weist darauf hin, dass in Ihrer momentanen Lebenssituation Ruhe und Erholung angesagt sind. Sie sind dermaßen im Netz von verschiedenen Projekten gefangen oder bewegen sich in so ausgefahrenen Gleisen, dass Sie sich nicht genügend Zeit für sich selbst zugestehen. Auf gewisse Weise sind Sie es vielleicht müde, ständig die Erwachsenenrolle übernehmen zu müssen, und sehnen sich danach, einfach auszubrechen, aber Ihr Verantwortungsgefühl hält Sie zurück. Denken Sie daran, dass es zwar gut ist, anderen zu helfen, nicht jedoch für andere zu leben. Jeder muss seinen eigenen Weg finden, auch Sie. Befreien Sie sich von dem Teil in Ihnen, der versucht, der Heilsverkünder zu sein, und machen Sie sich klar, dass Sie niemandem helfen können, wenn Sie sich nicht erlauben, zu lachen, sich zu entspannen und sich selbst zu verwöhnen.

Geißblatt

Geschlecht: männlich
Planet: Jupiter
Element: Erde

Magische Verbindung:
Schutz, mediale Visionen,
finanzielle Angelegenheiten

Brauchtum/Geschichte

Das Geißblatt wird am meisten für die ihm innewohnende Fähigkeit verehrt, unter einer Vielzahl von Bedingungen zu wachsen, selbst nachdem es rigoros zurückgeschnitten wurde. Magisch gesehen ist es eine hervorragende Pflanze für jeden Zauber und jedes Ritual, bei dem Sie Ihr Verständnis der Wirklichkeit über die normale Bandbreite der Sinne hinaus erweitern wollen.

Aus den Blütenblättern lässt sich ein herrlicher Sirup herstellen. Sie brauchen dafür zwei Pfund Blütenblätter und zwei Liter Wasser und müssen beides zwölf Stunden lang ziehen lassen. Leicht ausdrücken, und nur die Brühe verwenden. Gründlich durchsieben, doppelt soviel Zucker wie Flüssigkeit hinzufügen und auf dem Herd anwärmen, bis sich die Masse verdickt. In einem luftdichten Behälter aufbewahren.

Für einen Geißblattwein, hervorragend geeignet für Sommerfeste, müssen Sie vier Kilo Blumen und vier Liter Wasser aufkochen. Fügen Sie dem zweieinhalb Pfund Zucker oder Honig hinzu, je eine in Scheiben geschnittene Limone und Orange und ein Stück zerstoßene Ingwerwurzel. Eine halbe Packung Aktivhefe, aufgelöst in einer viertel Tasse Wasser, sollte hinzugegeben werden, wenn die Mischung lauwarm ist. Lassen Sie das Ganze zwei Wochen lang in einem Steinguttopf fermentieren, nur mit einem Handtuch bedeckt. Seihen Sie es dann in Flaschen ab, die zwei Monate lose verkorkt werden, bevor man sie luftdicht verschließt.

Deutung

Aufrecht: Die Süße des Nektars dieser Pflanze findet sich in den ihr zugeschriebenen Eigenschaften wieder: Treue, Ehrlichkeit und Integrität. Wenn diese Karte im Bild erscheint, dürfen Sie sicher sein, dass Sie mit einer Person, die Ihnen nicht aus dem Kopf geht, oder einer Situation, die an Ihnen nagt, gut umgegangen sind. Diese Karte spricht von innerem Frieden. Gleichgültig, was andere denken oder empfinden, Sie haben wirklich in gutem Glauben und nach bestem Wissen und Gewissen gehandelt. Hören Sie auf, sich selbst zu tyrannisieren, und vertrauen Sie Ihrem Herzen. In ein paar Wochen wird für alle anderen Gras über die Sache gewachsen sein. Sie wissen dann immer noch, dass Sie Ihrem Gewissen gefolgt sind.

Umgekehrt: In dieser Position warnt das Geißblatt, dass die Dinge nicht immer so sind, wie sie scheinen. Jemand in Ihrem Umfeld ist nicht ganz offen zu Ihnen, besonders in Angelegenheiten des Geldes oder der Liebe. Hier lautet der Rat, Entschuldigungen oder Erklärungen nicht einfach automatisch hinzunehmen, sondern vorsichtig vorzugehen und zu versuchen, Täuschungsmanöver zu erkennen. Die betroffene Person mag aufgrund falscher Informationen oder Vorgaben gehandelt haben, darum sollten Sie sie nicht gleich verurteilen, sondern erst die Fakten abwarten.

Geranie

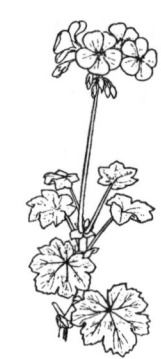

Geschlecht: weiblich
Planet: Venus
Element: Wasser

Magische Verbindung:
Fruchtbarkeit, Gesundheit, Schutz
(rote Blütenblätter symbolisieren Gäste,
rosafarbene die Liebe)

Brauchtum/Geschichte

Es gibt eine Geschichte, in der es heißt, dass die Geranie auf die
Welt kam, als das Hemd des Propheten Mohammed über eine
Malvenpflanze geworfen wurde, um in der Sonne zu trocknen.
So gesehen überrascht es nicht, wenn man erfährt, dass die Ge-
ranie ursprünglich im Osten heimisch war.

Für einen rosafarbenen Geranien-Punsch, der sich wunderbar für Sommerriten und Feste der Liebe eignet, nehmen Sie
0,9 Liter Apfelsaft, die Blütenblätter von sechs rosafarbenen
Geranien und eine Tasse Zucker und mischen das Ganze über
kleiner Flamme, bis es fünf Minuten lang gekocht hat. Geben
Sie den Saft von vier ausgepressten Limonen dazu, dann kühlen
und abseihen. Sie können jede Ritualtasse mit einigen Blütenblättern verzieren.

Deutung

Aufrecht: Die Geranie ist die Blume der Erinnerung. In diesem
Fall weist sie auf eine Art Wiedervereinigung hin. Ein alter Be-
kannter könnte plötzlich wieder in Ihr Leben treten, und mit

ihm kommt eine Flut von Erinnerungen (sowohl gute als auch schlechte). Die Vergangenheit kann ein willkommener Freund oder ein Geist sein, der uns heimsucht. Doch wie auch immer, begrüßen Sie diesen Augenblick. Irgendwo in dieser Zufälligkeit liegt die Gelegenheit für mehr verborgen. Denken Sie daran, dass sich das Netz des Lebens ständig erweitert, und diese Begegnung ist Teil des Netzes.

Die Geranie erinnert uns auch daran, dass die Vergangenheit unsere Gegenwart geschaffen hat, darum sollten wir sie nicht verachten. Wir haben im Laufe der Zeit wertvolle Lektionen gelernt, und obwohl einige davon schmerzlich sind, haben sie doch dazu beigetragen, uns auf unserem Weg zu führen. Wir müssen unsere Vergangenheit aus der richtigen Perspektive betrachten und dankbar sein für das, was sie in uns aufgebaut hat.

Umgekehrt: In dieser Position ist die Geranie eine Warnung, dass Sie zu sehr in der Vergangenheit leben und das »Hier und Jetzt« an sich vorüberziehen lassen. Manchmal ist das größte Geschenk, das wir einem Menschen oder einer Situation machen können, sie loszulassen, anstatt die Erinnerung stolz herumzuzeigen wie einen Orden. Lassen Sie die Vergangenheit dort, wo sie hingehört, und richten Sie Ihren Blick nach vorn, um sich eine Zukunft aufzubauen.

Glyzinie

Geschlecht: männlich
Planet: Neptun
Element: Luft

Magische Verbindung:
Studium, organisatorische
Fähigkeiten

Brauchtum/Geschichte

Wenn Sie planen, gründlich über irgendeine Angelegenheit wissenschaftlicher oder spiritueller Natur nachzudenken, dann genießen Sie zuerst einmal eine Tasse Glyzinientee. Um Ihre geistige Beweglichkeit zu erhöhen, können Sie die Blütenblätter in Teig tunken, ausbacken und dann mit Zucker bestreuen.

Deutung

Aufrecht: Die Glyzinie will Ihnen sagen, dass Sie bald einen Fremden in Ihrem Heim oder Ihrem Leben begrüßen werden. Die guten Gefühle der ersten Begegnung können die Grundlage für eine künftige Freundschaft bilden, darum zeigen Sie sich von Ihrer besten Seite. Dieser Mensch könnte eines Tages zu einem lebenslangen Gefährten oder einem Lehrer werden oder Ihnen im Hinblick auf die aktuelle Frage wichtige Hilfestellung leisten.

Umgekehrt: Seien Sie gewarnt vor Fremden, die Geschenke bringen. Bei dem merkwürdigen Vertreter, dem ungewöhnlichen Repräsentanten einer Gruppe, von der Sie noch nie etwas gehört haben, oder sogar dem Meinungsforscher könnte es sich sehr wohl nur um eine Verkleidung oder um einen Trick handeln. Sie müssen sich nicht in Ihr Schneckenhaus verkriechen und sich verstecken, aber seien Sie wachsam, und bewahren Sie sich eine gesunde Portion Skepsis.

Hyazinthe

Geschlecht: weiblich
Planet: Venus
Element: Wasser

Magische Verbindung:
Liebe, Heiterkeit, Schutz

Brauchtum/Geschichte

In griechischen Mythen heißt es, dass Apollo diese Blume im Rahmen eines der großen Sagenzyklen schuf, die für diese Kultur typisch sind. Interessanterweise besteht ein beliebtes Gericht auf der Insel Kreta auch heute noch aus Trauben, Hyazinthen und Essiggurken.

Magisch gesehen kann man mit der Hyazinthe Alpträume abwehren, Niedergeschlagenheit vertreiben und die Konzentrationsfähigkeit verbessern, besonders als Räucherwerk. Eine weitere herrliche Verwendungsmöglichkeit ist die Zubereitung eines Frühlingsweins: Wärmen Sie die Blüten, violette und orangefarbene, zusammen mit Narzissen, Ringelblumen und verschiedenen anderen essbaren Pflanzen dieser Jahreszeit in vier Liter gutem Wein auf. Die Blumen verleihen dem Getränk ihren frischen Duft. Dieser Wein kann anschließend in Flaschen gefüllt oder sofort serviert werden.

Deutung

Aufrecht: Die Viktorianer glaubten, diese Blume würde Verlässlichkeit und Freude verkörpern. Die aufrechte Position bringt zum Ausdruck, dass die Freude auf Ihrem Sinn für Kontinuität und Ihrer Fähigkeit, alles zu Ende zu bringen, was Sie anfangen, beruht. Vielleicht haben Sie ein Großprojekt vorzeitig abgeschlossen oder sind für eine besondere Anstrengung bezahlt worden, wodurch Ihnen nun ein wenig Freizeit und zusätzliches Geld zur Verfügung steht, um sich selbst zu verwöhnen. Der Rat dieser Karte lautet, genau das zu tun. Fahren Sie irgendwohin, wohin Sie schon immer wollten, oder gönnen Sie sich einfach nur ein großes Eis. Genießen Sie diese Gelegenheit, sich selbst für eine gute Leistung zu belohnen.

Umgekehrt: Verzögerung, Ablenkung und Frustration scheinen in Ihrem Tun und in Ihrer Stimmung vorzuherrschen. Vielleicht haben Sie das Gefühl, als ob Sie schon seit langer Zeit nichts Produktives mehr zustande gebracht hätten, und plötzlich wird Ihnen klar, dass das Problem hauptsächlich darin liegt, dass Sie Zeit schinden, Ausreden suchen und ganz allgemein keinerlei Ehrgeiz haben.

Sie müssen etwas finden, auf das Sie Ihre ganze Aufmerksamkeit richten können, und das Sie motiviert, Ihr Bestes zu geben. Finden Sie diese eine Sache, bringen Sie sie entschlossen zu Ende, und Sie werden dabei auch ein neues Selbstwertgefühl entdecken.

Iris

Geschlecht: weiblich
Planet: Venus
Element: Wasser

Magische Verbindung:
Weisheit, Läuterung, Schutz,
Romantik

Brauchtum/Geschichte

Iris ist die Göttin des Regenbogens. Diese Blume wird nicht nur mit ihr in Verbindung gebracht, sondern auch mit Hera, Isis und Juno. Manche glauben, dass die drei Blütenblätter der Iris entweder die dreifaltige Natur der Göttin selbst darstellen oder für die Eigenschaften Tapferkeit, Urteilskraft und Glaube stehen. Zur Zeit der Römer wurden ihre Blüten in jedem Raum verstreut, der geläutert und gereinigt werden sollte.

In der Medizin wird aus der pulverisierten Wurzel manchmal ein Aufguss gegen Blähungen, Husten und geschwollene Drüsen hergestellt. Äußerlich als Umschlag angewendet lindert die Wurzel Beschwerden nach Bissen und Stichen. Außerdem ist sie eines der besten Fixiermittel für Räucherwerke.

Deutung

Aufrecht: Im Herzen dieser Blume steht ein Versprechen – das Versprechen eines besseren Morgen, ein Versprechen, das gegeben und gehalten wird, das Versprechen, dass Ihre Mühe nicht umsonst sein wird. Es ist das Faustpfand des Universums, dass Sie in der größeren Ordnung der Dinge nicht vergessen werden, sondern dass Ihr Leben wichtig ist. Aufgrund des hoffnungsvollen Wesens dieser Blume könnte bald ein interessantes Angebot, ganz besonders privater Natur, folgen. Spannungen werden jetzt abgebaut, und Sie werden feststellen, dass Sie über eine neue Perspektive und einen Zuwachs an Energie verfügen.

Falls die Iris in aufrechter Position in einer Phase auftaucht, in der Sie eine langfristige Beziehung eingehen wollen, dann ist das ein überaus positives Zeichen. Es deutet auf starke karmische Verbindungen hin und auf Treue, die anhalten wird.

Umgekehrt: In dieser Position warnt die Iris davor, zu viele Verpflichtungen einzugehen, die Sie womöglich nicht alle erfüllen können. Sie fordert Sie außerdem auf, an Menschen, die Ihnen Beteuerungen machen, nicht zu hohe Erwartungen zu stellen. Bestimmte Vereinbarungen, die Sie für felsenfest hielten, könnten scheitern oder sich bestenfalls als unsicher erweisen. Lesen Sie das Kleingedruckte in Verträgen, lassen Sie sich nicht übers Ohr hauen, und legen Sie Ihre rosarote Brille ab, insbesondere im Hinblick auf Beziehungen.

Jasmin

Geschlecht: weiblich
Planet: Mond
Element: Wasser

Magische Verbindung: Prophetische
Träume, Liebe, Geld, mütterliche Aspekte,
medialer Schutz

Brauchtum/Geschichte

Der Jasmin wird mit verschiedenen Gottheiten in Verbindung gebracht, darunter Vishnu, Kwan Yin und Diana. Die kulinarischen Verwendungsmöglichkeiten dieser Blume sind alles andere als beschränkt. Die Blütenblätter eignen sich nicht nur zur Herstellung von Likören, Fondants, Kuchen, aromatisiertem Mineralwasser und Sirup, sondern auch zur Aromatisierung von Tee (ein Pfund Tee auf ein Drittel Pfund Blumen ist das im östlichen Kulturkreis übliche Verhältnis).

Wenn Sie einen der magischen Aspekte des Jasmins auf schmackhafte Weise verinnerlichen wollen, nehmen Sie eine Tasse Apfelsoße und ein Pfund Jasminblütenblätter, und mixen das Ganze zu einer glatten Masse. Als nächstes kochen Sie zwei Tassen Wasser und ein Pfund Zucker auf, bis die Masse fest genug für eine Süßigkeit ist. Fügen Sie jetzt die Blumenmischung hinzu. Weitere zehn Minuten kochen, dann auf ein gut gebuttertes Backblech geben und in den warmen Ofen zum Trocknen legen. Auseinander brechen und verzehren!

Deutung

Aufrecht: Der Jasmin ist eine Blume des Orients. Seine Karte zeugt von günstigen Geheimnissen. Etwas Merkwürdiges könnte geschehen, das Sie ratlos macht, aber wenn Sie die Antwort entdecken, wird es eine angenehme Überraschung für Sie werden. Diese Karte kann von einem anonymen Geschenk oder Bewunderer künden, von neuen Freundschaften, die unerwartet entstehen, von einem spontanen Mittagessen mit Kollegen und anderen nicht geplanten, erfreulichen Aktivitäten.

Diese Karte will Ihnen auch sagen, dass Sie ein neues Charisma entwickeln. Sie ziehen durch Ihre intensive Ausstrahlung ganz natürlich Freunde, Schüler und andere neue Bekannte in Ihr Leben. Innere Veränderungen manifestieren sich außen in positiven Entwicklungen!

Umgekehrt: Der Jasmin fordert Sie auf, bei etwas misstrauisch zu sein, das zu gut scheint, um wahr zu sein. Misstrauen Sie dem geheimnisvollen Fremden oder dem großzügigen Angebot, das Ihren Weg kreuzt, und prüfen Sie erst gründlich. Ebenso sollten Sie in Ihrem spirituellen Leben bei dem vorsichtig sein, was Sie als »wahr« akzeptieren. Lassen Sie nicht zu, dass jemand anderer der allwissende Guru für Ihre spirituelle Suche wird, gleichgültig, wie verlockend das auch scheinen mag. Lehrer und spirituelle Führer haben nur ein begrenztes Wissen. Sie müssen sich auf Ihre eigene Empfindsamkeit verlassen, um zu spüren, ob dieses Wissen in Ihrem Leben eine Rolle spielen sollte.

Kapuzinerkresse

Geschlecht: weiblich
Planet: Neptun
Element: Luft

Magische Verbindung:
Überzeugungen, Ehrgeiz, Festlichkeit

Brauchtum/Geschichte

Die Kapuzinerkresse wurde im 16. Jahrhundert von spanischen Konquistadoren aus Peru eingeführt. Im Lateinischen heißt sie *nasus turtus*, was ungefähr »zuckender Lärm« bedeutet. Die Kapuzinerkresse hat einen kräftigen Eigengeschmack, der in Spanien schnell für Salate, Essig und viele andere Gerichte beliebt wurde. Zusätzlicher Bonus ist der hohe Anteil an Vitamin C.

Für eine Soße, die Sie zu Fleischgerichten oder Salaten nehmen können, brauchen Sie ein Kilo Blumen, einen Liter Essig, sechs Schalotten, sechs Gewürznelken, sowie Salz und Pfeffer. Langsam zum Kochen bringen. Einen Monat lang in einem abgedeckten Krug aufbewahren, dann durchsieben und nach Geschmack etwas Sojasoße zufügen. Sie können auch einen schönen Imbiss herrichten, wenn Sie etwas Thunfischsalat in große Kapuzinerkressekelche geben und dann ein paar Tropfen Ihres Lieblingsessigs darüberträufeln.

Deutung

Aufrecht: Diese Karte verkörpert Gemeinschaftsgeist und Bürgerlichkeit. Ihnen wird eine Gelegenheit geboten, sich zu engagieren und an Ihrem Wohnort wirklich etwas zu bewirken. Oberflächlich betrachtet mag es sich nur um eine kleine Sache handeln, aber ohne bereitwillige, kompetente Hilfe kann nichts erreicht werden. Unterstützen Sie aktiv eine verbesserte Mülltrennung, treten Sie dem Elternbeirat bei oder verbringen Sie einen Tag damit, Unrat und Abfälle in einem nahegelegenen Park einzusammeln. Ergreifen Sie die Gelegenheit, die sich Ihnen bietet, als Chance, Ihrer magischen Energie ganz leise zu erlauben, von Ihrer Wohnung in Ihre Stadt hinauszuziehen, und sei es nur in kleinem Rahmen.

Umgekehrt: In dieser Position ist die Kapuzinerkresse ein Hinweis darauf, dass Sie ungeheuer viel Zeit mit Jammern und Klagen verbringen, und nur sehr wenig Zeit mit aktivem Handeln. Worum immer es geht, Sie erwarten, dass jemand anderes den Löwenanteil der Verantwortung übernimmt, selbst bei Gemeinschaftsprojekten, die Sie angeregt haben. Die Kapuzinerkresse will Ihnen sagen, dass Sie nichts anfangen sollten, was Sie nicht beenden können oder wollen. Sie erinnert außerdem sanft daran, dass *jeder* Anwohner für den Zustand seines Viertels verantwortlich ist, auch Sie.

Klee

Geschlecht: männlich
Planet: Merkur
Element: Luft

Magische Verbindung:
Erfolg, Liebe, Schutz (weiß),
Finanzen (rot), Glück

Brauchtum/Geschichte

Wilder Klee kann zu einem Stärkungsmittel oder zu Essig verarbeitet werden. Mit den Samen und getrockneten Blumen wird in Schottland Brot gebacken, und in früheren Zeiten wurde Klee oft zusammen mit Malven, Kamillen und Milch ins Badewasser gegeben, um Melancholie zu vertreiben.

Wenn Sie eine Art Honig zubereiten wollen, den Sie mit einem guten Freund oder einem geliebten Menschen teilen, um die gegenseitige Zuneigung zu erhöhen, nehmen Sie fünf Tassen Zucker, eineinviertel Tassen Wasser und einen Teelöffel Alaun. Kochen Sie alles zusammen, bis es klar ist. Gießen Sie diese Mischung über 36 Kleeknospen und vier Rosenknospen. Lassen Sie das Ganze zehn Minuten stehen, dann abseihen und in eine Flasche füllen. Schmeckt besonders gut zu weichem Teegebäck, Toast oder als Brotaufstrich.

Deutung

Aufrecht: Das Schicksal lächelt Ihnen zu, und Ihr Leben ist voll von erfolgreichen Unternehmungen (oder wird es zumindest bald sein). Wo immer Ihre Stärken liegen, jetzt können Sie sie mit Erfolg einsetzen. Diese Karte ist kreativ und könnte sogar auf eine Schwangerschaft im biologischen Sinne hinweisen. Emotional fühlen Sie sich gut, Sie sind voller fruchtbarer Ideen, und Sie haben sogar noch Energie übrig. Ihr spirituelles Wachstum beschleunigt sich in einem Maße, wie Sie es sich nie auch nur erträumt haben. Genießen Sie diese Zeit, wie Sie den ersten warmen Tag im Frühling genießen würden. Tanken Sie auf.

Umgekehrt: Diese Karte kann Vorbote einer frustrierenden Phase, einer scheinbaren Pechsträhne oder unangenehmer Umstände sein. So könnten beispielsweise eine Schreibhemmung oder ähnliche Blockierungen Ihrer Kreativität auftreten. Das ist zwar nur vorübergehend, aber überaus entmutigend, bis hin zu dem Punkt, wo alle Versuche, originell zu sein, scheinbar zum Scheitern verurteilt sind. Die einzige gute Nachricht lautet, dass etwas Positives aus dieser ganzen Misere entstehen wird, selbst wenn sich das im Moment noch nicht erkennen lässt. Es könnte sein, dass Sie eine andere Richtung einschlagen müssen oder an die falschen Türen klopfen. Holen Sie jetzt einfach tief Luft, und versuchen Sie, eine andere Sichtweise zu erlangen.

Lavendel

Geschlecht: männlich
Planet: Merkur
Element: Luft

Magische Verbindung:
Schlaf (Räucherwerk), Keuschheit,
reine Freude und Liebe, Friedlichkeit

Brauchtum/Geschichte

Seit der Zeit der Römer ist der Lavendel aufgrund seines schwachen Duftes und seiner Fähigkeit, Insekten zu vertreiben, die bevorzugte Blume für Duftkissen in Badezimmern sowie in Wäscheschränken und -truhen. Schon früh war es Brauch, kleine Lavendelsträuße in den Hut zu stopfen, um sich vor Kopfgrippe zu schützen.

Wie viele andere Blumen, die in diesem Buch aufgeführt sind, ist Lavendel auch essbar und kann zu Wein und Tee verarbeitet werden. Eine schöne Möglichkeit, diese Pflanze zu trocknen, besteht darin, Lavendelsträuße an Schnüre zu binden und sie an Ihr Fenster zu hängen. Dann steht Ihnen nicht nur das ganze Jahr über Lavendel zur Verfügung, Ihre Wohnung wird auch wunderbar duften.

Deutung

Aufrecht: Die Antwort auf eine Frage oder die Lösung eines Problems, das Ihnen schon lange am Herzen liegt, steht unmittelbar bevor, also verzweifeln Sie nicht. Ob in einer persönlichen oder beruflichen Angelegenheit, die Antwort auf Ihre

Anfrage wird nicht weit entfernt und leicht zugänglich sein. Tatsächlich könnte sich herausstellen, dass Sie vor lauter Sorgen und Grübeleien die Antwort bis zu diesem Moment völlig übersehen haben. Wie auch immer, sie wird ganz eindeutig eine willkommene Erleichterung in Ihrer unsicheren Situation sein.

Umgekehrt: In dieser Position weist der Lavendel auf eine ungelegene Verzögerung der Antwort hin oder noch schlimmer, auf eine Antwort, die Sie nicht hören wollen. Die Verzögerung beziehungsweise die negative Antwort liegt nicht an Ihnen, muss aber auf positive Weise angegangen werden, wenn etwas Gutes daraus entstehen soll. Hier lautet der Rat, keine Spekulationen anzustellen und Ihren Ängsten und Sorgen nicht zu erlauben, Sie zu beherrschen. Das Pendel kann immer noch zu Ihren Gunsten ausschlagen.

Lilie

Geschlecht: weiblich
Planet: Mond
Element: Wasser

Magische Verbindung:
Göttliches Wissen, zerrüttete Liebe,
Auflösung eines Verbrechens, Reinheit,
Suche

Brauchtum/Geschichte

Die Lilie scheint fester Bestandteil vieler Allegorien in der ägyptischen und hebräischen Sagenwelt zu sein. Die Griechen nennen sie die Blume der Blumen, und in der christlichen Tradition wird sie sogar mit der Schönheit Christi verglichen. Auch andere Gottheiten, wie Venus, Kwan Yin und Juno, werden mit der Lilie in Verbindung gebracht. Sie können auch getrocknete Lilien zur Besänftigung der Küchengötter verbrennen, wie man das in China tut.

Mit Lilien aromatisiert man in Asien häufig Hühnchen, Reis, Suppen, Nudeln, Schweinefleisch und Fisch. Die hierfür benötigte Soße wird für gewöhnlich mit einer dreiviertel Tasse Blütenblätter und einem Spritzer Sojasoße und Sherry hergestellt. Auf ähnliche Weise kann man die Blumenzwiebel der Lilie einsetzen. Für den medizinischen Gebrauch lassen sich die Blütenblätter zu einem Umschlag verarbeiten, der eine leicht antiseptische Wirkung hat.

Deutung

Aufrecht: Die Lilie ist eine Blume der Reinheit, insbesondere hinsichtlich der Emotionen. Wenn Ihnen jetzt die Liebe begegnet, wird es die wahre Liebe sein. Es gibt eine neue Einheitlichkeit und Klarheit auf Ihrer spirituellen Suche, die sich ebenfalls in Ihrem Alltagsleben manifestiert. Sie lernen, Ihre Emotionen zu meistern und Herz und Verstand in Einklang zu bringen, sodass Sie in Magie und Leben effektiv handeln können. Dies ist die Zeit, wo Sie an einfachen Freuden den größten Gefallen finden: ein prasselndes Feuer, gute Freunde, leise Musik. Wie die Teile eines Puzzles wird Ihr Leben langsam zu einem Gesamtbild.

Umgekehrt: In dieser Position weist die Lilie auf große Verwirrung hin, für gewöhnlich auf emotionaler Ebene. Vielleicht haben Sie vor kurzem einen Streit oder eine Trennung von einem Freund hinter sich gebracht, es kann sich auch um eine Scheidung, einen unerwarteten Umzug oder eine andere Umwälzung, die Ihr Leben scheinbar in der Schwebe ließ, handeln. In diesem Fall war die drastische Veränderung notwendig, um Ihrem Leben eine neue Richtung zu geben. Irgendwie kam es zu dieser Situation, weil Sie etwas vernachlässigten, was Sie unbedingt hätten tun müssen. Die Lilie erinnert Sie daran, zu rudern, wenn es keinen Wind gibt, nur so treiben Sie das Boot voran. Wenn Sie keine Paddel haben, dann rudern Sie mit Ihren Händen. Stagnieren Sie jetzt nicht. Werden Sie kreativ!

Lotus

Geschlecht: weiblich
Planet: Mond
Element: Wasser

Magische Verbindung:
Sicherheit der spirituellen Energie,
die Fähigkeit, den richtigen Zeitpunkt
zum Handeln zu erkennen, Öffnen
von Türen, Schutz

Brauchtum/Geschichte

In den Ländern des Ostens ist der Lotus das Symbol für das Leben selbst, für Vergangenheit, Gegenwart und Zukunft. Möglicherweise haben die Ägypter aufgrund dieser Assoziation Ihren Göttern Lotus geopfert. Osiris und Hermes gehören zu den Gottheiten, die mit dem Lotus in Verbindung gebracht werden.

In China werden die Lotusknollen glasiert oder als Gemüse gegessen, die Stiele werden getrocknet und zu Pfeilwurzelmehl verarbeitet, die Kerne kommen in die Suppe, und aus den Samen macht man Tee. Ähnlich in Japan, wo man Lotuspudding und mit Lotus aromatisierten Reis findet. Wenn Sie Ihre eigene Lotussuppe zubereiten wollen, geben Sie sechs Tassen klein gehackte Wurzel (mehrere Stunden vor dem Kleinhacken einweichen, damit sie weich wird), ein Stück Ingwer, in Streifen geschnittene Mandarinenrinde, etwas Hühnchenfleisch, Soja und Knoblauch in kochendes Wasser. Nach Geschmack würzen.

Deutung

Aufrecht: Authentizität von Wort und Tat, Reinheit von Herz und Absicht. Wenn diese Karte auf der Ergebnisposition eines Blattes auftaucht, will sie sagen: »Sie haben sich wacker geschlagen.« Gleichgültig, wie die Umstände aussahen, Sie sind Ihren Idealen und Ihrem Weg treu geblieben, haben sich geweigert zu heucheln. Die Belohnung für diese Sorgfalt mag auf der materiellen Ebene nicht zu sehen sein (in einigen Fällen kann Integrität sogar kostspielig werden), aber spirituell werden Sie eine Ernte einfahren, die die meisten Menschen ihr ganzes Leben nicht kennen lernen.

Umgekehrt: Eine Warnung, auf keinen Vorschlag einzugehen, der Ihnen moralisch, emotional oder körperlich unangemessen scheint. Gleichgültig, wie verführerisch dieses Angebot auch sein mag, wenn Sie sich darauf einlassen, werden Sie es zutiefst bedauern und vielleicht sogar mit einigen emotionalen Verletzungen zurückbleiben. Seien Sie Ihrer eigenen Empfindsamkeit treu.

Löwenmaul

Geschlecht: männlich
Planet: Mars
Element: Feuer

Magische Verbindung:
Sicherheit, Schutz gegen Magie (Samen)

Brauchtum/Geschichte

Aus irgendeinem Grund taucht der englische Name dieser Blume, *Snapdragon*, der »schnappende Drache«, bei allen möglichen Speisen und Spielen auf, selbst wenn diese nichts mit dem Löwenmaul zu tun haben. Ein Rezept mit Namen »Snapdragon« wird mit Rosinen gemacht, die in Cognac eingeweicht werden, bis sie sich vollgesogen haben. Dann gibt man sie in Apfelsoße und serviert das Ganze. Das traditionelle Allerheiligen- und Weihnachtsspiel namens »Snapdragon« wird mit Rosinen in einer Schüssel voll Brandy gespielt. Man zündet den Alkohol an, und die Gäste essen die Rosinen, während sie scheinbar noch in Flammen stehen! Ich nehme an, diese Tradition beruht auf der Überlieferung vom Feuer speienden Drachen, von dem die Blume im Englischen ihren Namen hat. Im Deutschen wurde sie nach der Form ihrer Blüte, die einem Löwenmaul gleicht, benannt.

Magisch gesehen kann der Löwenmaul mit sich geführt werden, um sich selbst vor Gefahren zu schützen, oder einem Freund geschenkt werden, um ihm diesen Schutz angedeihen zu lassen.

Deutung

Aufrecht: Diese Karte ist eine Mahnung, im Umgang mit Ihrer Frage nicht allzu voreingenommen oder arrogant zu sein. Entweder kennen Sie nicht die ganze Wahrheit oder Sie verstehen die mildernden Umstände nicht, die für eine angemessene Reaktion Ihrerseits sehr wichtig sind. Halten Sie inne, und hören Sie auf die Stimme der Vernunft und der Erfahrung. Jemand gibt Ihnen einen vernünftigen Ratschlag, aber Sie schenken dem keine Beachtung. Stattdessen gehen Sie übereilt vor. Machen Sie langsam, und erkennen Sie, dass Sie noch viel zu lernen haben.

Umgekehrt: Die Karte weist darauf hin, dass Ihnen Arroganz und Voreingenommenheit entgegenschlagen. Ihre Bekannten sehen sehr viel für selbstverständlich an. Sie nutzen Ihre Gastfreundschaft aus und werden lästig. Stellen Sie sich auf die Hinterbeine, und formulieren Sie ein paar Verhaltensregeln, die Sie auch durchsetzen, bevor Sie ganz ausgesaugt werden.

Löwenzahn

Geschlecht: männlich
Planet: Jupiter
Element: Luft

Magische Verbindung:
Uraltes Orakelwissen, Wunschmagie,
Kommunikation

Brauchtum/Geschichte

Nicholas Culpeper glaubte, dass sich der Löwenzahn, der aus Griechenland stammt, hervorragend als Kräuterbad eignet, und Hekate hat Theseus angeblich mit Löwenzahnwein bewirtet. Löwenzahn besitzt aber auch jede Menge Vitamin B und C und kann zum Beispiel zu Bier, Omelettes, Suppen und Salaten verarbeitet werden. Frischer Löwenzahnsaft ist ein praktisches Heilmittel für juckende Insektenstiche.

Die Löwenzahnblätter lassen sich aufbrühen und als Eistee genießen, und aus der Wurzel der Pflanze kann man einen Kaffee brauen, der sich besonders wohltuend auf die inneren Organe auswirkt. Reinigen Sie die Wurzel gründlich. Nach dem Trocknen sollten Sie sie im Ofen anbräunen und anschließend in einem luftdichten Behälter aufbewahren. Sie können die Wurzel so mahlen, wie Sie auch jeden anderen Kaffee mahlen würden. Der Vorteil liegt darin, dass dieser Kaffee koffeinfrei ist.

Deutung

Aufrecht: Wenn Sie Löwenzahnsamen fliegen lassen, können Sie erkennen, aus welcher Richtung der Wind weht. Aus diesem Grund gilt der Löwenzahn als Orakel oder Bote an Ihrer Tür. Etwas wartet auf Sie, aber viel hängt von den Launen des Schicksals ab. Sie fühlen sich unsicher und ruhelos, und es scheint Ihnen unmöglich, dieses Gefühl abzuschütteln. Möglicherweise schlafen Sie schlecht oder sind ohne ersichtlichen Grund zappelig und nervös.

Umgekehrt: Falls Sie sich nicht dazu entschließen, Ihre ganz persönliche Auslegungsmethode anzuwenden (siehe *Die Herstellung des Orakels* Seite 21 bis 37), gibt es beim Löwenzahn keine umgekehrte Position. Darum kann er sowohl Gutes als auch Böses von den Ereignissen oder Personen ankündigen, die bald in Ihr Leben treten und dieses Gefühl der Ruhelosigkeit erklären werden. Die Botschaft des Löwenzahns? Machen Sie sich in jeder Hinsicht auf einen Windstoß gefasst.

Nelke

Geschlecht: männlich
Planet: Sonne
Element: Feuer

Magische Verbindung:
Sicherheit, Stärke, Energie, Tapferkeit

Brauchtum/Geschichte

Die Nelke, bisweilen auch Gartennelke genannt, hielt man in der Elisabethanischen Ära für einen Schutz vor dem Tod durch Erhängen. Der Bourbonenkönig Ludwig II. beschäftigte sich während seiner Zeit in der Bastille damit, diese Blume zu züchten, daher wurde sie von seinen Soldaten oft als Symbol für Mut getragen.

Die getrockneten Blüten entfalten in Duftkissen und als Räucherwerk eine intensive Wirkung. Solange die Nelken frisch sind, eignen sie sich für die Zubereitung von zahlreichen kulinarischen Köstlichkeiten, einschließlich Essig, Salat und Marmelade. Um einen Nelkensirup herzustellen, nehmen Sie ein halbes Büschel Blütenblätter und zerstampfen sie. Achten Sie darauf, dass keine Samen oder weißen Teile in der Schüssel sind. Fügen Sie einen Liter Wasser dazu, und lassen Sie es kurz aufkochen. Die Mischung über Nacht stehen lassen. Geben Sie jetzt vier Pfund Zucker hinein, und lassen Sie sie weitere 24 Stunden stehen. Kochen, bis die Mischung verdickt. Durchsieben und in ein Marmeladenglas füllen.

Deutung

Aufrecht: Eine Blume, die auf Bewunderung hinweist, für gewöhnlich auf die von beruflichen oder privaten Bekannten. Ihre Freundlichkeit und Höflichkeit lässt Sie in der Meinung anderer steigen und kann schließlich zu positiven Verbesserungen zu Hause oder im Büro führen, wenn Sie konsequent bleiben. Fürchten Sie nicht, sich zu sehr auf Ihre Instinkte zu verlassen, und sprechen Sie aus, was Sie denken, deutlich und klar. Die anderen hören mit neuer Wertschätzung zu.

In dieser Position kann die Nelke auch festliche gesellschaftliche Anlässe vorhersagen. Eine Einladung zu einem formellen Treffen oder einem Kostümball, einer Hochzeit, einer Cocktailparty oder einem schönen Abend mit Freunden könnte bald eintreffen!

Umgekehrt: In dieser Position weist die Karte darauf hin, dass Sie die Gunst eines Bekannten verlieren. Es könnte sich um eine kleinere Reiberei handeln, um eine Meinungsverschiedenheit in einer unbedeutenden Angelegenheit oder um andere Irritationen, die zu einer vorübergehenden, aber mit heftigen Emotionen verbundenen Trennung führen. In gewisser Hinsicht ist das gesund, wie ein Hausputz, bei dem man den Groll hinausbefördert, um einen frischen Wind hereinzulassen. Mit etwas Zeit und Geduld sollte diese Beziehung wieder heilen. Sie wird aufgrund des offenen Austausches vielleicht sogar besser als vorher.

Orangenblüten

Geschlecht: männlich
Planet: Sonne
Element: Feuer

Magische Verbindung:
Weissagung, Liebe, Glück, Tugend

Brauchtum/Geschichte

Ursprünglich stammen die Orangenblüten aus Asien, dann wurden sie in den Mittelmeerraum gebracht und galten lange Zeit als Symbol der Jungfräulichkeit von Bräuten. Vom Mittelalter bis zur viktorianischen Ära brachte Orangenblütenwasser die Zimmer junger Frauen zum Duften, linderte angeblich Niedergeschlagenheit und fast jedes »Frauenleiden«. Die Blütenblätter wurden zu Wein, Weinbrand, Eiscreme, Honig, Gelee und Schaumgebäck verarbeitet. Königin Victoria selbst liebte Creme, die mit Orangenblüten aromatisiert war.

In der Magie nimmt man Orangenblüten für Liebeskissen. Sie können auch in den Blütenblättern baden, um Ihre Haut zu verschönern. In den Kochkünsten scheinen Orangenblüten in der Beliebtheitsskala gleich hinter den Rosen zu kommen. Orange Pekoe Tee wird bis zum heutigen Tag dadurch hergestellt, dass man Schwarztee mit diesen Blüten aromatisiert. Wenn Sie Pralinen aus Orangenblüten machen wollen, kochen Sie Maissirup, bis er eindickt. Lösen Sie dann ein Kilo frische Orangenblüten von den Stielen, und vermischen Sie sie mit dem Sirup, bis Sie eine glatte Masse haben. Dann mit Puderzucker bestreuen und trocknen lassen. Diese Pralinen sind fast unbegrenzt haltbar!

Eine weitere Süßigkeit mit Orangengeschmack lässt sich aus zwei Tassen Zucker und einer Tasse Wasser herstellen. Kochen, bis sich ein Sirup bildet. Mandeln, ein wenig zermahlene Limone, große Stücke Ananas und eine halbe Tasse Orangenblüten hinzufügen. In eine gefettete Pfanne gleiten und hart werden lassen, dann in Vierecke schneiden.

Deutung

Aufrecht: Die Orangenblüte ist die Blume der Reinheit: reine Liebe, reine Freude, reine Absichten. Wenn Ihnen jemand gerade sehr viel Aufmerksamkeit schenkt, und Sie sich fragen, ob er es ernst meint, dann lautet die Antwort »Ja«. Es kann keine Frage mehr sein, ob seine Absichten ehrlich sind. Was Sie hier in Wirklichkeit fragen, ist, wie Sie gefühlsmäßig auf diese Aufmerksamkeit reagieren sollen. Bis jetzt haben Sie sich so intensiv mit Ihren Zweifeln beschäftigt, dass Sie sich nicht die Chance gaben, darüber nachzudenken, ob Sie diese Aufmerksamkeit überhaupt wollen oder nicht. Jetzt ist eindeutig der Zeitpunkt gekommen, diese Entscheidung zu fällen.

Umgekehrt: Die Freundlichkeit eines Menschen scheint zu groß zu sein, als dass sie ehrlich gemeint sein könnte. Er spricht mit Engelszungen oder bietet Ihnen eine Gelegenheit, die einfach unglaublich ist. Seien Sie gewarnt und bleiben Sie argwöhnisch. Honig schmeckt süß, aber er kann Ihnen auch Übelkeit verursachen, wenn Sie zu viel davon abbekommen. Versuchen Sie, eine ausgeglichene Perspektive zu bewahren und sich nicht in diesem pompösen Netz zu verstricken. Wenn Sie glauben, dass Anlass zur Sorge besteht, dann haben Sie damit wohl recht. Suchen Sie alternative Wege und Möglichkeiten, und prüfen Sie Referenzen gründlich, bevor Sie fortfahren.

Orchidee

Geschlecht: androgyn (siehe unten)
Planet: Venus
Element: Wasser

Magische Verbindung:
Gleichgewicht der männlichen und
weiblichen Energien, Liebe, Vision,
Verwandtschaft

Brauchtum/Geschichte

In der Mythologie ist die Orchidee die Lieblingsspeise der Satyrn, möglicherweise, weil ihr Name vom griechischen *orkhis* stammt, was soviel wie Hoden bedeutet. Die Chinesen glauben, dass Freundschaft nach Orchideen duftet. Diese Blume ist einzigartig, denn sie vereint sowohl männliche als auch weibliche Charakteristika in ein und derselben Pflanze. Deswegen eignet sich ihr Duft hervorragend dazu, Ihre eigenen sexuellen Energien auszugleichen.

Im 18. Jahrhundert galt es als modern, Orchideen zu essen. Tatsächlich haben sie auch einen hohen Nährwert. Sie können die Blütenblätter auf ein Sandwich legen oder eine Suppe daraus machen, indem Sie einen Teelöffel der pulverisierten Wurzel mit einem Hauch Wein und Zitronensaft in einen Liter Wasser geben.

Deutung

Aufrecht: Eine Blume, die die Vollkommenheit der Menschheit symbolisiert. Wenn diese Karte in aufrechter Position in Ihrem Blatt erscheint, deutet das auf eine drastische Veränderung

Ihrer spirituellen Einsichten und Erkenntnisse hin. Wie das sprichwörtliche Licht, das Ihnen aufgeht, ergeben viele Dinge, die Ihnen zuvor unklar zu sein schienen, plötzlich einen Sinn. Ihr Leben und Ihre Energie strömen jetzt im Einklang mit dem Universum. Sie spüren ein neues Einssein und eine Harmonie mit der höheren Macht, die weiterhin anwachsen kann, wenn sie sorgfältig gepflegt wird. Dieses Wachstum ist nur ein Schritt auf einer langen Straße. Schreiten Sie weiter auf ihr, voller Respekt.

Umgekehrt: Eine Warnung, dass Sie Ihre Spiritualität für selbstverständlich hinnehmen. Studium, Meditation und regelmäßiges Praktizieren der magischen Künste ist notwendig, um solide, positive Ergebnisse zu erzielen. Erwarten Sie nicht, dass das Universum Ihre Bedürfnisse erfüllt, wenn Sie sie nicht ausgedrückt haben oder keinen ehrlichen Versuch machen, sie selbst zu erfüllen. Achten Sie wieder darauf, dass Sie sich um sich als ganzen Menschen kümmern – Körper, Geist und Seele –, um Ihr Leben wieder ins Gleichgewicht zu bringen.

Pfingstrose

Geschlecht: männlich
Planet: Sonne
Element: Feuer

Magische Verbindung:
Bannen negativer Energie,
Glück, Mäßigkeit

Brauchtum/Geschichte

Mit der Pfingstrose, auch als »Königsblume« bekannt, wurden einige von Chinas besten Teesorten aromatisiert. Plinius der Ältere glaubte, dass sie zu den ältesten bekannten Pflanzen gehört, sie wurde schon 320 vor Christus in schriftlichen Aufzeichnungen erwähnt.

Pfingstrosenkerne können als Gewürz oder als Dekoration für Pralinen verwendet werden – ähnlich wie Mandeln. In England führt man die Samen der männlichen Pflanze mit sich, um sich vor schwarzer Magie zu schützen.

Deutung

Aufrecht: Diese Blume des Reichtums und der Ehre verkündet, dass Ihnen das Schicksal schon bald gewogen sein wird. Sei es der Lohn für harte Arbeit, eine emotionale Atempause oder eine unerwartete Beförderung, irgendwie sieht Ihre Zukunft gleich viel rosiger aus. Das ist auch keine vorübergehende Veränderung, sondern ein Zyklus, der Ihnen eine ganze Zeitlang Kraft geben wird. Genießen Sie ihn, aber mit großer Hochachtung für die Geschenke, die Sie erhalten haben.

Umgekehrt: In der umgekehrten Position warnt diese Karte davor, dass Sie schon bald den Gürtel enger schnallen müssen und mit Ihren weltlichen Besitztümern wirklich sorgfältig umgehen sollten. Der Druck dieser Beschränkungen ist möglicherweise nur schwer zu ertragen, darum rät Ihnen diese Karte, Ihr Bestes zu tun und Ihre Probleme nicht wie ein Neonschild vor sich herzutragen. Es ist nur ein vorübergehender Rückschlag, dessen Korrektur etwas länger dauert als sonst (für gewöhnlich zwei bis drei Jahre), darum suhlen Sie sich nicht in negativem Denken. Tun Sie Ihr Bestes, um mit der Situation fertig zu werden, bewahren Sie sich Ihren Humor und Ihre Hoffnung als Weggefährten, und Sie werden diesem Sturm sehr gut trotzen können.

Primel

Geschlecht: weiblich
Planet: Venus
Element: Erde

Magische Verbindung:
Schutz, Respekt, Liebe

Brauchtum/Geschichte

Abends schließt sich die Primel mit einem vernehmlichen Klicken vor der kommenden Dämmerung, wodurch sie zu einer interessanten Ergänzung für den magischen Garten wird. Die jungen Schösslinge, am beliebtesten für Süßigkeiten und Eingemachtes, können in Salzwasser eingeweicht und mit Vinaigrette als Salat gereicht werden. Oder Sie bräunen sie in Butter und garnieren sie mit etwas Orangensaft.

Deutung

Aufrecht: Die Botschaft dieser Blume lautet Zusammenhalt, Harmonie und Übereinstimmung. Welchen Kurs Sie in Bezug auf die anstehende Frage auch immer eingeschlagen haben, verfolgen Sie ihn weiter, weichen Sie nicht von Ihrer Vision, Ihren Zielen oder Ihren Grundsätzen ab.

Zu Hause sollten Sie den Gefühlen anderer besondere Aufmerksamkeit widmen, damit die sanfte Harmonie in Ihrer Familie erhalten bleibt.

Umgekehrt: Ihr Mangel an Zuverlässigkeit ist für die Menschen Ihrer Umgebung immer schwerer zu ertragen und kann sogar schädliche Auswirkungen haben. Gleichgültig, wie gut Ihre Absichten sind, lassen Sie sich jetzt nicht ablenken. Erfüllen Sie die Versprechen, die Sie gegeben haben, und räumen Sie offen ein, wenn Sie Ihre Termine nicht halten können.

Zu Hause sollten Sie darauf achten, zu Ihren Mitbewohnern beziehungsweise Mitbewohnerinnen aufrichtig und fair zu sein. Selbst kleine Notlügen fallen auf Sie zurück und suchen Sie heim, wenn diese Karte auf Ihrem Blatt in umgekehrter Position auftaucht.

Rainfarn

Geschlecht: weiblich
Planet: Venus
Element: Wasser

Magische Verbindung:
Unsterblichkeit, Gesundheit

Brauchtum/Geschichte

Der Rainfarn, dessen griechischer Name soviel wie »zeitlos« bedeutet, wurde Ganymed überreicht, um ihn unsterblich zu machen. Daraufhin wurde er Mundschenk bei Zeus. Im 16. und 17. Jahrhundert war der Rainfarn als Schmorkraut zur Lufterfrischung beliebt, ganz zu schweigen von seinen kulinarischen Anwendungsmöglichkeiten.

Der Rainfarn wird wegen seiner unangenehmen Nebenwirkungen nicht medizinisch eingesetzt. Auch in der Küche und bei der Körperpflege dürfen nie große Mengen verwendet werden, da es sonst zu Vergiftungserscheinungen kommen kann. Die pfeffrigen Blätter des Rainfarns sind ein guter Gewürzersatz, wenn man sie in Maßen zu sich nimmt. Eine Lotion aus Rainfarn kann Akne lindern, und wenn man Rainfarn neben Beerensträuchern anpflanzt, hält er die Ameisen in Schach.

Für einen Rainfarn-Pfannkuchen mischen Sie vier Esslöffel Mehl mit einem halben Liter Sahne. Fügen Sie vier Eier, 60 Gramm Puderzucker, einen halben Teelöffel Rainfarnsaft und eine Prise Muskatnuss hinzu. 15 Minuten lang mixen, dann in frischer Butter anbraten und mit Sahne oder Beeren servieren.

Deutung

Aufrecht: Der Rainfarn ist eine Kriegserklärung. Jemand aus Ihrem Umfeld bringt Ihnen Feindschaft entgegen oder verwickelt Sie in einen Konflikt. Unkontrollierter und möglicherweise unbedachter Zorn wird während eines emotionalen Ausbruchs gegen Sie gerichtet. Der Rat des Rainfarns lautet, sich nicht zu erlauben, im selben Ton zu antworten. Sehen Sie in den bitteren Worten das, was sie sind: Sie wurden in der Hitze des Augenblicks geäußert. Geben Sie dem Betreffenden Zeit und die Möglichkeit, sich abzukühlen, bevor Sie versuchen, den Frieden wiederherzustellen. Für einige Menschen ist Wut eine Art Ventil, und sobald der Dampf entwichen ist, verschwindet auch die Feindseligkeit.

Umgekehrt: Der Rainfarn sagt das Ende der Schwierigkeiten vorher. Die weiße Flagge wird gehisst und bald schon gibt es einen Waffenstillstand, der für alle Parteien gerecht ist. Je nachdem, wie Ihre Frage lautet, kann die Karte auf die Lösung eines Rechtsstreits, das Ende einer Auseinandersetzung mit einem Freund oder sogar eine Veränderung in einer berufsbezogenen Angelegenheit hinweisen. Wie der Fall jedoch auch immer aussieht, die Karte verheißt eindeutig Gutes.

Ringelblume

Geschlecht: männlich
Planet: Sonne
Element: Feuer

Magische Verbindung:

Schutz, rechtliche Angelegenheiten, mediale
Träume, Respekt (Ringelblumengirlanden);
wenn man die Ringelblumen am Nachmittag
pflückt, kann das ein krankes Herz stärken
oder beruhigen

Brauchtum/Geschichte

Die Ringelblume ist zu einem wichtigen homöopathischen Heilmittel geworden. Innerlich angewendet gegen Erkältung, Fieber, Blähungen und schmerzhafte Menstruation, äußerlich als
Lotion oder Kompresse gegen Juckreiz und offene Wunden. Ein
Tee aus den Blütenblättern eignet sich gut als Haarspülung,
um die Strähnchen zu betonen.

In England und Deutschland finden Ringelblumen häufig in
der Küche Verwendung. Man aromatisiert mit ihnen Eierge-
richte, Suppen, Käse und Reis und serviert sie sogar in Scheiben geschnitten auf Leberwurstbroten. Wenn Sie selbst Ringel-
blumenkekse machen wollen, zum Beispiel für Feuerfeste, mischen Sie eine Tasse Mehl, 90 Gramm Schweineschmalz, 90
Gramm Butter, einen Teelöffel Backpulver, eine viertel Tasse
Zucker und eine Prise Salz. Hacken Sie auch ein paar rote oder
gelbe Früchte klein. In der Zwischenzeit weichen Sie eine
Hand voll Ringelblumen in einer Tasse heißer Milch ein. Abkühlen lassen und in ein geschlagenes Eiweiß geben, dann
diese Mischung den trockenen Zutaten hinzufügen. Gut ver-

rühren, und dei Kekse bei 350 Grad ungefähr 15 Minuten lang backen, bis sie goldbraun sind. Mit Ringelblumen verzieren.

Deutung

Aufrecht: Die Ringelblume kündet von Härten, Unglück und Trauer. Sie kann auf den Tod eines Freundes oder eines geliebten Tieres hinweisen, auf das Zerbrechen einer Beziehung oder ein anderes Unglück, das Sie entweder entmutigt oder Ihnen das Gefühl vermittelt, am Boden zerstört zu sein. In jedem Leben gibt es hin und wieder läuternde Feuer zu ertragen, und gerade dieses Feuer brennt sehr heiß, aber mit Hilfe von Freunden und etwas Humor als Weggefährten können Sie es schaffen. Ihr schlimmster Feind sind im Moment nicht Ihre Probleme, es ist Ihr Stolz. Sie müssen sich nicht komisch vorkommen, wenn Sie um etwas Hilfe und Trost bitten, bis der Sturm an Ihnen vorübergezogen ist.

Umgekehrt: In dieser Position ist die Ringelblume ein Zeichen dafür, dass eine Zeit des Trauerns oder der Schwierigkeiten ihr Ende findet und die Dämmerung eines neuen Tages anbricht. Sie haben das Gefühl, als seien Sie aus einem langen Schlaf erwacht, etwas entsetzt vielleicht, weil es so lange her ist, seit Sie so einen herrlichen Sonnenaufgang gesehen haben. Aber erfreuen Sie sich daran! Die Nacht ist vorüber. Die Tränen, die Sie vergossen haben, waren reinigend. Es gibt hier keine Schatten, die Sie verfolgen. Sie haben sie losgelassen und neue Freiheit gefunden. Jetzt ist die Zeit gekommen, wirklich zu leben!

Rose

Geschlecht: weiblich
Planet: Venus
Element: Wasser

Magische Verbindung:
Anbetung, Glück,
mediale Träume

Brauchtum/Geschichte

Das Mysterium der Rose ist über zahllose Generationen hinweg von Dichtern, Romantikern, Köchen und Heilern aufgebaut worden. Ursprünglich wurde die Rose angeblich aus Aphrodites Blut geboren, als deren Fuß von einer Dorne gestochen wurde, während sie Adonis half. Anlässlich des Besuchs von Mark Anton ließ Kleopatra ihren Boden mit Rosenblüten übersäen, um sich seine Liebe zu sichern. Auch Eros, Amor, Demeter und Isis werden mit der Rose in Verbindung gebracht.

Seit 3000 Jahren wird die Rose als Königin der Blumen verehrt. Derzeit gibt es über 10000 verschiedene Variationen. Diese Blume wird nicht nur wegen ihres Duftes und ihrer ungewöhnlichen Schönheit bewundert, sondern auch wegen ihrer vielfältigen Einsatzmöglichkeiten in der Küche. Hagebutten enthalten sogar mehr Vitamin C als Orangen.

Um Rosenöl zu gewinnen, weichen Sie die Blütenblätter in warmes Wasser ein, bis sie ihre Farbe verloren haben. Stellen Sie den Behälter an einen kalten Ort (beispielsweise in Ihren Kühlschrank). Wenn sich die Mischung abgekühlt hat, schwimmen kleine Fettaugen an der Oberfläche. Diese abschöpfen und damit die Haut pflegen und parfümieren. Oft wird das Rosenöl auch Rosenessenz genannt; es ist eine der wertvollsten Blumensubstanzen.

Für eine Rosenparfümkugel nehmen Sie jeweils gleiche Mengen Zimt, Ingwer, Rosenwasser, pulverisierte Gewürznelken, Muskatnuss, Myrte, getrocknete Rosenblätter und Benzoe. Zerstoßen Sie alle Bestandteile, bis sie sich gut vermischt haben. Geben Sie ein paar Tropfen rosafarbenes Wachs hinein, und formen Sie die Masse zu einer Kugel. Sobald der Duftball getrocknet ist, kann er in eine Schublade gelegt, an ein Fenster gehängt oder mit sich geführt werden, überall gibt er seinen herrlichen Duft ab.

Deutung

Aufrecht: Für die Interpretation Ihres Orakels kann die Farbe der Rose ebenso wichtig sein wie die Blume selbst. Rot zeugt von Liebe und Leidenschaft, die angenommen und erwidert wird. Rosa symbolisiert die einfachen Freuden des Lebens und das Vergnügen daran. Weiß ist die Klarheit von Gedanke und Absicht und Gelb die Leistung, die zu Freude und Feierlichkeiten führt.

Umgekehrt: In dieser Position ist Rot das Zeichen einer Liebe, die vom rechten Weg abgekommen ist und wahrscheinlich zu Zorn führt. Rosa ermutigt Sie, sich nicht nach Nachbars Garten zu verzehren, denn auch der muss gemäht werden. Weiß kündet davon, dass jemand gegenüber Ihnen nicht ganz ehrlich ist, daher ist Vorsicht geboten. Und Gelb weist schließlich auf etwas hin, das Sie als Scheitern empfinden.

Ungeachtet der Farbe erinnert Sie diese Karte daran, auf die Schönheit zu achten, die Sie stets umgibt, bevor Sie in Wut oder Mitleid versinken. Auch in Ihrem Leben gibt es viel Gutes, und meistens ganz in Ihrer Nähe!

Schlüsselblume

Geschlecht: weiblich
Planet: Venus
Element: Wasser

Magische Verbindung:
Heilung, neue Perspektiven, Schatzsuche,
verlorene Gegenstände

Brauchtum/Geschichte

Die Schlüsselblume wird im Englischen auch »faerie cup«
(Feenblume) und im Deutschen »Himmelsschlüssel« genannt.
Sie war der Göttin Freya geweiht. Der alte angelsächsische
Name für die Blume lautete *cusluppe*. Schlüsselblumen lassen
sich für Butter, Salate, Essig, Honigwein, Pudding und Kuchen
verwenden.

Es folgt ein hübsches Rezept für ein Stärkungsmittel, das das
Einschlafen erleichtern oder neue Energien wecken kann. Der
Trank kann auch für magische Zwecke verwendet werden. Mischen Sie einen Liter Wein mit einer Hand voll Schlüsselblumen, einer Hand voll Gurkenkrautblüten und einem Sträußchen Rosmarin. Lassen Sie es kochen, bis es fast anbrennt.
Dann fügen Sie etwas Klee und Rosen- oder Nelkenwasser
hinzu. Trinken Sie davon ein kleines Glas vor dem Einschlafen
oder bevor Sie ein Ritual beziehungsweise einen Zauber für Gesundheit und Vitalität ausführen. (Achten Sie darauf, die Mischung abzuseihen, bevor Sie sie zu sich nehmen.) Sie können
auch ein Trankopfer durchführen, indem Sie ein wenig von diesem Trunk auf den Boden in dem Bereich spritzen, in dem Sie
einen verlorenen Gegenstand zu suchen beabsichtigen.

Deutung

Aufrecht: Die Schlüsselblume in aufrechter Position ist ein Hinweis auf Nachdenklichkeit. Sie kreisen gedanklich immer wieder um eine bestimmte Sache, aber diesen Kampf fechten Sie nicht mit anderen, sondern mit sich selbst aus. Nachdenken und Überlegen sind ohne Zweifel wichtig für einen Entscheidungsprozess, der Rat dieser Karte lautet jedoch, nicht ins Grübeln zu verfallen und sich nicht durch allzu intensives Nachdenken selbst im Weg zu stehen. In dieser Position kann die Schlüsselblume auch ein Zeichen sein, dass das Feenvolk durch Ihr Leben geistert. Vielleicht bewegen sich Dinge auf unerklärliche Weise oder verschwinden gänzlich, und Sie stehen da und kratzen sich ratlos am Kopf. Stellen Sie einen Fingerhut mit Sahne oder Honig dorthin, wo die Feen ihn finden können. Dann hören diese kleinen Gaunereien auf.

Umgekehrt: Unbekümmert und lebhaft ist die umgekehrte Schlüsselblume, ähnlich Ihrem Kätzchen, das den Unterteller mit Milch umgekippt hat. Dieser herrliche Anblick amüsiert Sie, aber meine Güte, was für eine Schweinerei! Irgendwie hat Sie Ihre Leichtsinnigkeit in eine Situation gebracht, die einer Komödie voller Widrigkeiten ähnelt. Trotz der Schwierigkeiten geschieht jedoch auch etwas Erfreuliches. So könnten Sie beispielsweise plötzlich grüne Haare haben, wenn Sie einem Freund helfen, sein Haus zu streichen. Der Rat der Schlüsselblume lautet: Gleichgültig, wie die Situation aussieht, lachen Sie, und erfreuen Sie sich einfach am Augenblick. Schlecken Sie gewissermaßen die Sahne auf, und dann machen Sie sauber.

Stiefmütterchen

Geschlecht: weiblich
Planet: Saturn
Element: Wasser

Magische Verbindung:
Wetterzauber, Weissagung, Liebe

Brauchtum/Geschichte

Da die wilden Stiefmütterchen drei Farben in einer Blüte haben, werden sie im deutschen Sprachraum auch »Dreifaltigkeitskraut« genannt. Die Wildblume gedeiht am besten auf sandigen Böden oder hoch oben auf einem Hügel. Als Absud oder Kompresse hilft sie gegen Ekzeme, Schuppenflechte und rheumatische Beschwerden.

Deutung

Aufrecht: Das Stiefmütterchen verkörpert die Eigenschaften Rücksichtnahme, Ritterlichkeit und Höflichkeit. Auch wenn Sie das Gefühl haben, dass der nächste Tropfen das Fass zum Überlaufen bringen könnte, folgen Sie diesen Tugenden. Wachen Sie über Ihre Worte und Taten so genau wie über einen Freund, der sehr an Ihnen hängt. So verlockend es auch sein mag, einfach mit Ihren Gefühlen herauszuplatzen, aus einer solchen Zurschaustellung würde nichts Gutes erwachsen. Es wäre Ihnen nur peinlich. Wenn Sie ein etwas professionelleres Verhalten an den Tag legen, gewinnen Sie den Respekt der anderen, und Ihr eigenes Selbstwertgefühl bleibt intakt.

Umgekehrt: Das umgekehrte Stiefmütterchen ist ein Zeichen der Distanziertheit, für gewöhnlich gegenüber einem Menschen, der Ihnen nahe steht. Gleichgültig, wie oft er früher schon blinden Alarm geschlagen haben mag, diesmal ist seine Bitte um Unterstützung ehrlich gemeint, und Sie sollten ihm Ihre Aufmerksamkeit schenken. Wenn Sie sich jetzt reserviert verhalten, wird das mehr schaden als nützen, und letzten Endes werden Sie Ihre Tatenlosigkeit bereuen. Nutzen Sie die Chance, und greifen Sie helfend ein. Die nachfolgende Verwandlung könnte Sie überraschen.

Stockrose

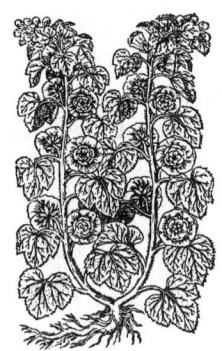

Geschlecht: weiblich
Planet: Venus
Element: Wasser

Magische Verbindung:
Erfolg, Geld, blühendes Familienleben,
Freundschaft mit dem Feenvolk

Brauchtum/Geschichte

Die Stockrose ist aufgrund ihrer vielen Nährstoffe seit Tausenden von Jahren Bestandteil der chinesischen Küche. Die frischen Knospen und Blütenblätter werden in Salate gegeben, die Stängel können gekocht und als Beilage verwendet werden, und eine Kombination aus beidem mit etwas Zitronenverbene und Ringelblumen ergibt ein eigenständiges Gericht.

Ein Ende des 16. Jahrhunderts lebender Geistlicher hinterließ ein Rezept für ein Stockrosenöl, mit dessen Hilfe man angeblich Feen sehen konnte. Für eine leicht überarbeitete Version dieser Rezeptur benötigt man einen halben Liter Salatöl, Rosen- und Ringelblumenwasser von Blumen, die im Orient gesammelt wurden, die Knospen von Stockrosen, Thymian, Haselnusssträuchern und Ringelblumen, die auf einem nahe gelegenen Feenhügel gepflückt wurden, sowie ein Büschel Gras von der Kuppe des Hügels. Alle Bestandteile drei Tage lang in die Sonne legen, durch ein Sieb geben, und das Öl dann auf die Augenlider streichen – schon kann man einen Blick auf das Feenvolk erhaschen!

Deutung

Aufrecht: Die Stockrose zeigt an, dass Sie einige hervorragende Entscheidungen gefällt haben (oder fällen werden), weil Sie gut vorbereitet und ehrgeizig waren. Verlassen Sie sich ganz auf Ihre Fähigkeit zu planen und zu organisieren, und bewahren Sie sich eine vernünftige Sichtweise. Innere Stärke wird Ihnen bei fast jedem Unterfangen vernünftige Erfolge bescheren. Das trifft in so starkem Maße zu, dass diese Karte eine Beförderung oder andere gute Neuigkeit verkünden kann, die Ihnen »gute Wünsche« und fröhliche Feststimmung der Menschen Ihrer Umgebung einbringen wird.

Umgekehrt: In dieser Position spricht die Stockrose von einem Mangel an Vorausschau, von Verzögerung und der Flucht vor der Verantwortung. Ihre Handlungsweise kann Schwierigkeiten zur Folge haben, die das Schicksal gezielt schickt, um Sie aufzuwecken. Wie ein weiser Mensch einmal gesagt hat: Wenn Sie versuchen, vor etwas davonzurennen, dann laufen Sie in den meisten Fällen direkt darauf zu.

Auf ähnliche Weise kann die umgekehrte Stockrose auch vor erfolgloser oder missverständlicher Kommunikation warnen. Möglicherweise ist Ihnen Ihre schnelle Zunge zum Verhängnis geworden. Sie sollten sie schleunigst im Zaum halten, bevor noch Schlimmeres geschieht. Denken Sie etwas mehr darüber nach, wie Sie Ihre Gedanken formulieren wollen, bevor Sie einfach damit herausplatzen. In diesem Fall rät die Stockrose, dass Diplomatie, Einfühlungsvermögen und Rücksichtnahme in jedem Gespräch empfehlenswert sind.

Tulpe

Geschlecht: weiblich
Planet: Venus
Element: Erde

Magische Verbindung:
Schutz, Wohlstand, Liebe

Brauchtum/Geschichte

Einst glaubte man von der Tulpe, sie habe die Gestalt einer Nymphe. Doch erst nach dem 16. Jahrhundert lernte man die Tulpe wirklich zu schätzen. Später schrieb beispielsweise Sir Kenelm Digby, dass die gekochten Samen wie Erbsen schmecken würden.

Die Perser erklärten mit Hilfe der Tulpe ihre Liebe, die Türken kennen ein eigenes Tulpenfest, und Francis Bacon glaubte, dass das Öffnen und Schließen dieser Blume in der Morgen- und Abenddämmerung dazu gedacht war, die Sonne zu begrüßen beziehungsweise zu betrauern.

Wenn Sie eine interessante kulinarische Besonderheit testen möchten, entfernen Sie die Blütenblätter einer großen Tulpe, waschen sie und geben sie in Hühnersalat.

Deutung

Aufrecht: In der Sprache der Blumen offenbart die Tulpe, dass Sie wunderschöne Augen haben. Für Ihr Orakel sind die Augen das Fenster zur Seele. Ihre spirituelle Erkenntnis und Weisheit sind jetzt an einem Höhepunkt angelangt. Nützen Sie diese

Phase, um Ihren spirituellen Weg unter die Lupe zu nehmen und einiges weiterzugeben.

Möglicherweise fällt Ihnen auch auf, dass sich Ihr instinktives Gespür für Menschen, die Sie neu kennen lernen, sehr stark entwickelt hat. Ihre Intuition ist so ausgeprägt, dass Sie ihre persönliche Energie und ihre Absichten fast schon sehen können. Das hat seinen Grund. Bald könnte jemand Ihren Weg kreuzen, der sich Ihnen in einem falschen Licht präsentiert. Sie werden seine Maske durchschauen, und das wird Ihnen und anderen viel Ärger ersparen.

Umgekehrt: Verlassen Sie sich momentan nicht zu sehr auf Ihre Instinkte. Aus irgendeinem Grund ist Ihre Wahrnehmung gestört, und was Sie spüren, könnte möglicherweise nicht zutreffend sein. Vielleicht sind Sie gefühlsmäßig einfach durcheinander, oder profane Angelegenheiten halten Sie zu sehr auf Trab. Wie auch immer, Ihre Konzentration leidet eindeutig darunter. Vielleicht müssen Sie die verschiedenen Aspekte Ihres Lebens etwas mehr voneinander trennen, um klar zu erkennen, was Sie zu tun haben.

Veilchen

Geschlecht: weiblich
Planet: Venus
Element: Wasser

Magische Verbindung:
Demut, Einsicht, gemäßigtes Temperament, Sehnsucht, Glück, Schlaf, Frieden

Brauchtum/Geschichte

Als die Göttin Io von Zeus in eine Kuh verwandelt wurde, schenkte er ihr eine Weide voller Veilchen zum Grasen. Zur Zeit der Minnesänger wurde als Preis für den besten Musensohn häufig ein goldenes Veilchen überreicht.

Heute werden die Veilchen wegen ihres Öls geschätzt, das man für die Parfümherstellung benötigt, und die Blütenblätter werden immer noch zu Süßigkeiten, Gelee, Soße, Essig und Salaten verarbeitet. Sowohl die Blüten als auch die Blätter dieser Blume sind reich an Vitamin C. Außerdem lassen sich aus Veilchen Salben und Kompressen herstellen.

Wieder ein Blick in das viktorianische Zeitalter: Königin Victoria liebte Veilchentee mit Honig (ein Teelöffel getrocknete Blätter auf eine Tasse Wasser). Sie bevorzugte auch einen Sirup, den man wie folgt zubereitet: Ein halbes Pfund getrocknete Blütenblätter, ein Pfund Zucker, ein wenig Rosenöl, 30 Gramm Gummiarabikum und eine halbe Tasse Wasser zum Kochen bringen. Das schmeckt herrlich zu Pfannkuchen und Waffeln.

Deutung

Aufrecht: Ihre beständigen, gewissenhaften Bemühungen werden bald belohnt. Was immer Sie anstreben, in Kürze wird es sich zu Ihrer großen Überraschung verwirklichen. Sollten Sie Schriftsteller sein, könnte ein Verlagsvertrag ins Haus stehen, sind Sie Student, erteilt man Ihnen ein Stipendium, und so weiter. Es ist nicht verkehrt, wenn Sie diesen Moment genießen; er wird lange Zeit als *der* Punkt in Ihrer Erinnerung bleiben, an dem sich Ihr Leben zum Besseren wandte … Und all das, weil Sie nicht aufgegeben haben!

Umgekehrt: Diese Karte rät Ihnen, das Kind nicht mit dem Bade auszuschütten. Oberflächlich mag es so aussehen, als ob Sie nicht alles erreicht haben, was Sie erhofften, aber wenn Sie bereit sind, noch etwas mehr Mühe zu investieren, besteht immer noch die Chance, eine Wende herbeizuführen. Machen Sie Ihren Wunsch zur obersten Priorität (natürlich abgesehen von Ihrer Gesundheit), und stecken Sie all Ihre Energie in dieses eine Ziel. Erzählen Sie Ihren Freunden und den Menschen, die Sie lieben, was Sie vorhaben, damit sie sich nicht ausgeschlossen fühlen, und dann geben Sie alles für den Siegeskranz. Er liegt immer noch in Ihrer Reichweite, wenn Sie nur gut auf Ihren Grundlagen aufbauen.

Zitronenblüten

Geschlecht: weiblich
Planet: Venus/Mond
Element: Wasser

Magische Verbindung:
Freundschaft, Liebe, Läuterung,
langes Leben

Brauchtum/Geschichte

Zitronenblüten sind eine schöne Ergänzung zu dem Quellwasser, mit dem Sie Ihre magischen Werkzeuge reinigen sollten. Mit den Blütenblättern kann man Butter, Törtchen, Pudding und Gebäck aromatisieren.

Wenn Sie eine erfrischende Eiscreme aus Zitronenblüten herstellen wollen, nehmen Sie einen halben Liter fettreiche Sahne und eine Messerspitze Salz. Schnell über einer Flamme aufkochen. Gießen Sie die Mischung über acht leicht geschlagene Eigelb. Unter Rühren 60 Gramm der zermahlenen Blüten und eine halbe Tasse Zucker hinzufügen. Kochen Sie das Ganze in einem hohen Topf, bis es eindickt. Durchsieben, abkühlen lassen und in eine Schale zum Einfrieren geben. Servieren Sie dieses Eis einem lieben Freund, der Sie an einem heißen Sommertag besucht!

Deutung

Aufrecht: Eine Situation ist entstanden, bei der Sie dazu aufgerufen sind, diskret und vertrauenswürdig zu bleiben, was nicht unbedingt einfach sein wird. Man erzählt Ihnen möglicherweise voneinander abweichende Geschichten, und Sie erhalten unterschiedliche Signale von Menschen. Das alles ergibt keinen Sinn, und Sie haben das Gefühl, dass Ihre Toleranzschwelle für Klatsch und Tratsch bald überschritten wird.

Der Vorschlag dieser Karte lautet, Ihr Bestes zu tun, um sich zu behaupten. Aus irgendeinem Grund wenden sich andere auf der Suche nach einem unparteiischen ausgeglichenen Standpunkt an Sie. Vertrauen Sie Ihren Instinkten und Ihrer Fähigkeit, die Wahrheit aus mehreren verschiedenen Versionen, die Ihnen präsentiert wurden, »herauszuschnüffeln« und so eine Lösung zu finden, die für alle gerecht ist.

Umgekehrt: In dieser Position spricht die Karte von einer Zeit, in der Ihre Bescheidenheit und Ihr Urteilsvermögen eindeutig in Frage gestellt werden. Die Stimmen der Leute um Sie herum scheinen kritisch und zögernd. Das Vertrauen ist verloren. Vielleicht lag es nicht in Ihrer Absicht, aber irgendwie haben Sie deren Vertrauen in Sie enttäuscht, und dieser Vertrauensbruch muss unbedingt wieder geflickt werden, nicht nur zum Wohl Ihres Rufs, sondern auch, um die Kluft zu überbrücken, die sich zwischen Ihnen und Ihren Freunden aufgetan hat. Nehmen Sie sich die Zeit, ihren Worten und Ansichten mit offenem Herzen zu lauschen.

Wo Sie diese Blumen besorgen können

❦ Eine große Vielfalt an getrockneten Blumen gibt es bei Floristen und in Bastel- und Heimwerkerläden. Sie können Ihre Blumen auch mit Hilfe der verschiedenen Techniken, die in *Die Herstellung des Orakels* (siehe Seite 21 bis 37) vorgestellt wurden, selbst trocknen.

❦ Die beste Quelle für frische Blumen sind Ihre eigenen gärtnerischen Bemühungen, Gewächshäuser und Floristen.

❦ Fotos und Zeichnungen der Blumen finden sich in viktorianischen Gartenbüchern, Kinderbüchern, Büchern zum Ausmalen, Postern, Heim- und Gartenzeitschriften oder Saatgutkatalogen. In den meisten Fällen brauchen Sie nicht viel Geld auszugeben, um geeignete Bilder ausschneiden zu können. Schauen Sie sich in Ihrer Buchhandlung in der Ecke mit den reduzierten Büchern um, oder fragen Sie Ihren Zeitungshändler nach alten Ausgaben.

Die Sprache der Kräuter

Was ist ein Unkraut?
Eine Pflanze, deren Tugenden
noch nicht entdeckt wurden.

Ralph Waldo Emerson

Die Verwendung von Kräutern in der Küche und der Natur-heilkunde war bereits in der Antike weit verbreitet. Die große Bedeutung der Kräuter für die Menschen der damaligen Zeit hat Auswirkungen bis in die Gegenwart. In den letzten Jahren ist das Interesse an Naturmedizin und an der Erprobung natür-licher Gartenbautechniken rapide angewachsen.

Auf diese Weise bereiten wir uns durch die wertvollen Infor-mationen über alternative Lebensweisen, die uns die Geschichte und unsere Ahnen hinterlassen haben, auf die Zukunft vor. »Volksmedizin« und ein fundiertes Wissen über Kräuter waren noch zur Jahrhundertwende voll in den Alltag integriert. Die Leute vertrauten unerschütterlich darauf, dass Aberglaube und magische Assoziationen ihr Leben verbessern könnten.

Die Sprache der Blumen umfasst auch einige dieser Pflanzen, die sich für Ihr persönliches Orakel und auch für Ihre gesamte Lebensführung als äußerst nützlich erweisen könnten.

Aloe

Geschlecht: weiblich
Planet: Mond
Element: Wasser

Magische Verbindung:
Schutz, Glück, Heilung

Brauchtum/Geschichte

Die Aloe gilt als Apotheke im Blumentopf. Sie ist das beliebteste Hausmittel gegen Verbrennungen und Brechnussvergiftungen. Dioskurides, ein griechischer Arzt und Kräuterkundler, hielt die medizinische Verwendung der Pflanze schon vor fast 2 000 Jahren schriftlich fest. Man glaubt, dass Alexander der Große Madagaskar eroberte, nur um sicherzustellen, dass seine Armee stets gut mit dem Kraut als Wundheilmittel versorgt sein würde. Kleopatra soll sich angeblich jeden Tag Aloe in die Haut einmassieren haben lassen, um ihre Schönheit zu bewahren.

Obwohl man bei Blumen normalerweise nicht an Aloe denkt, hat sie große kelchförmige Knospen mit gelber oder orangeroter Färbung. Sie gedeiht bei ganz unterschiedlichen Klimaverhältnissen. Es kann sich jedoch als heikel erweisen, sie ins Freie zu verpflanzen, darum sollten Sie sie am besten als Zimmerpflanze halten, wenn Sie sie das ganze Jahr zur Hand haben wollen.

Sorgen Sie dafür, immer etwas Aloe in der Wohnung zu haben, um Verletzungen bei Unfällen im Haushalt behandeln zu können. Flechten Sie sie zusammen mit Knoblauch in einen

Kranz, um Gesundheit und Wohlstand zu sichern. Aloegel braucht weder Öl noch Creme als Zusatz, um als Salbe bei Ritualen für Gesundheit und Sicherheit gute Dienste zu leisten.

Deutung

Aufrecht: In der viktorianischen Blumensprache hat die Botschaft der Aloe mit unserem Aberglauben und unserer individuellen Interpretation von Zeichen in unserem Leben zu tun. Wenn die Karte in der aufrechten Position erscheint, deutet das darauf hin, dass schon bald bestimmte Ereignisse eintreten werden, die Ihre Aufmerksamkeit erfordern. Ein merkwürdiges Zusammentreffen ungewöhnlicher Umstände wird sich für Ihr spirituelles oder persönliches Wachstum als sehr wichtig erweisen. Hier lautet der Rat, wachsam und offen zu bleiben. Tun Sie diese Ereignisse nicht einfach mit einem Schulterzucken als Zufall ab. Das Universum versucht, Ihnen etwas mitzuteilen, also hören Sie hin.

Umgekehrt: Die Aloe könnte auf eine verpasste Gelegenheit oder einen Mangel an Aufmerksamkeit hinweisen, sei es im persönlichen oder spirituellen Bereich oder in Liebesdingen. Jemand oder etwas sendet Ihnen Signale, denen Sie Beachtung schenken sollten, aber aus irgendeinem Grund sind Sie zu sehr mit anderem beschäftigt, um das zu bemerken.

Auf einer anderen Ebene kann das Auftauchen dieser Karte auch eine Warnung an Sie sein, das Profane nicht allzu sehr zu spiritualisieren. Obwohl Volks- und Aberglaube sehr mächtig und nützlich sein können, gibt es Zeiten, in denen Logik und gesunder Menschenverstand ihren Platz haben. Nicht alle Dinge, die in Ihrem Leben geschehen, haben eine tiefere Bedeutung. Denken Sie daran, das Leben auch einfach einmal so zu genießen, anstatt stets mühsam nach etwas zu suchen, was Sie Ihrer Meinung nach gerade übersehen.

Angelica

Geschlecht: männlich
Planet: Sonne
Element: Feuer

Magische Verbindung:
Schutz, Vision, Heilung

Brauchtum/Geschichte

Die Angelica, auch Engelwurz genannt, kann bis zu zwei Meter hoch werden und ist voll ausgewachsen eine stattliche Erscheinung. Sie gedeiht am besten in der Nähe von Seen oder Bergbächen und wurde in der Geschichte immer schon als Schutz vor dem Bösen betrachtet. Wenn man sie in der Nähe eines Hauses pflanzt, soll sie dessen Bewohner beschützen, und wer ihre Wurzel mit sich führt, der sichert sich somit angeblich eine Glückssträhne.

Mit ihrem leicht lakritzartigen Geschmack ist sie für Suppen oder Salate, aber auch als Garnierung für Fleischgerichte durchaus geeignet. Die Stiele und die Wurzeln können wie Spargel mit Butter zubereitet werden. In abgekochter Form sind die Wurzeln der Angelica ein gutes Mittel gegen Verdauungs- und Bronchialbeschwerden.

Deutung

Aufrecht: Angelica ist die Karte der göttlichen Inspiration und der Musenküsse. Sei es in der Schriftstellerei, der Malerei, der Musik oder in einem anderen Bereich, es flutet eine Fülle von

Energie auf Sie zu, die Ihnen hilft, etwas wirklich Spektakuläres zu erschaffen! Darüber hinaus unterstützen Sie die Menschen Ihrer Umgebung, was Ihrem Projekt emotionalen Auftrieb verleiht. Seien Sie nicht überrascht, wenn bei allem, was Sie jetzt versuchen, die Ergebnisse ans Wunderbare grenzen. Sie haben die Aufmerksamkeit des Großen Geistes erlangt, und solange Sie die richtige Perspektive wahren, können Sie wundersame Dinge tun, die eine langandauernde Wirkung haben.

Umgekehrt: Hindernisse und Entmutigung scheinen all Ihre künstlerischen Bemühungen zu belasten. Diese Blockierung hat jedoch ihren Grund. Vielleicht haben Sie versucht, zu schnell vorzugehen, oder ein Projekt beendet, nur damit Sie es endlich hinter sich haben. Hier steht jedoch mehr auf dem Spiel als nur eine termingerechte Abgabe, darum machen Sie langsamer, und geben Sie der Inspiration die Zeit, die sie braucht. Wenn Sie hier wirklich Ihrer inneren Führung folgen, wird Ihr Warten geduldiges Verstehen ermöglichen.

Basilikum

Geschlecht: männlich
Planet: Mars
Element: Feuer

Magische Verbindung:
Liebe, Schutz, Empfindsamkeit

Brauchtum/Geschichte

Der Duft frischen Basilikums soll angeblich die Sympathie zwischen zwei Menschen erhöhen, darum können Sie es als Teil eines Friedensangebots an jemanden verwenden, mit dem Sie die Kommunikation wiederaufnehmen wollen. Nicholas Culpeper verschrieb Frauen Basilikum, um die Wehen zu beschleunigen, warnte aber davor, während der Schwangerschaft daran zu riechen. Bei Verstopfung oder Kopfschmerzen einen Teelöffel Basilikum in den Tee rühren.

In manchen Fällen wird Basilikum verwendet, um die Treue zu sichern, intensivere Gefühle der Liebe zu schaffen und der Intuition auf die Sprünge zu helfen. Es ist auch ein hervorragendes langanhaltendes Aromatikum für magische Duftkissen, Zauber, Räucherwerk oder Kräuterpotpourris.

Deutung

Aufrecht: Basilikum weist auf Bewegung oder Hast hin. Diese Karte rät Ihnen, sich mit der gebotenen Behändigkeit auf eine Gelegenheit zu stürzen, die schon da ist oder bald kommt. Wenn Sie den richtigen Moment verpassen und sich nicht auf

Ihre Instinkte verlassen, könnten Sie übergangen werden. Diese Gelegenheit ist wie ein Gespenst und wird von den Menschen Ihrer Umgebung nicht gesehen, daher stellen sie möglicherweise die damit verbundenen Möglichkeiten in Frage. Lassen Sie sich durch den Mangel an Voraussicht bei anderen nicht von Ihrem Vorhaben abbringen; hören Sie auf Ihre innere Stimme.

In dieser Eigenschaft kann Basilikum auch ein Hinweis auf einen Wechsel sein, insbesondere eine Veränderung der Lebenssituation. Ein neues Haus oder eine neue Wohnung, vielleicht sogar der Umzug in ein anderes Land, könnten bald schon anstehen. Dieser Umzug wird sich für Sie als positiv erweisen, also regen Sie sich nicht auf. Das Schlimmste ist der erste Schritt, danach gehen Sie einfach weiter!

Umgekehrt: Das Basilikum warnt Sie, dass Sie zu schnell in eine bestimmte Situation hinein- oder aus ihr herausgeschlittert sind, besonders in einer Beziehung oder in Ihrem Beruf. Das Ergebnis dieser überhasteten Bewegung ist unklar und hängt davon ab, was Sie als Nächstes tun. Darum fordert das Basilikum Sie auf, Ihre nächsten Schritte sorgfältig zu überdenken und die leise Stimme in Ihnen nach Einsichten zu fragen. Lassen Sie sich nicht von den Launen oder Ansichten anderer beeinflussen. Gehen Sie mit Bedacht vor.

Beifuß

Geschlecht: weiblich
Planet: Venus
Element: Feuer

Magische Verbindung:
Gehobene Stimmung,
Vitalität, Wünsche

Brauchtum/Geschichte

Am neunten Tag des neunten Monats feiern die Japaner dieses Kraut, welches das Leben selbst symbolisiert. Möglicherweise gehört Beifuß aufgrund dieser Überzeugung als fester Bestandteil in jeden Sake. An diesem Tag wird eine spezielle Tasse mit Sake, dekoriert mit etwas Beifuß, von einer Hand in die andere weitergereicht, und man wünscht seinen Freunden ein langes, blühendes Leben.

Als geeignetes Geschenk für Freunde und geliebte Menschen können Sie Beifuß auch konservieren. Langsam ein Pfund der zerstoßenen Pflanze mit zwei Pfund Zucker mischen. In einen luftdichten Behälter füllen und nach Wunsch auf Toast oder Weichgebäck geben. Je länger die Mischung reift, desto bekömmlicher wird sie.

Deutung

Aufrecht: In der Sprache der Blumen weist die Blüte des Beifußes auf eine verborgene Liebe hin. Bei Ihrem Orakel muss es sich jedoch nicht unbedingt um die Liebe einer Einzelperson handeln. Ihre verborgene Leidenschaft kann auch mit Träu-

men, Zielen und Sehnsüchten zu tun haben. So haben Sie vielleicht eine »verrückte Idee«, aber Sie fürchten sich, diese Idee
mitzuteilen, weil Sie glauben, die Reaktionen der anderen vor-
aussehen zu können. Der Rat dieser Karte in der aufrechten
Position lautet, Ihre Ideen oder Gefühle noch etwas köcheln zu
lassen. Es ist großes Potential vorhanden, aber Sie haben im
Moment nicht genügend Abstand, um die richtige Perspektive
zu bekommen. Zeit und sorgfältige Überlegungen werden den
besten Erfolg garantieren.

Umgekehrt: In dieser Position will die Karte Sie auffordern,
voranzuschreiten und Licht in eine dunkle Geschichte zu bringen. Obwohl Sie sich in dieser Angelegenheit immer noch ein
wenig unsicher fühlen, werden Sie eine angenehme oder über-
raschende Reaktion erleben. Die Begeisterung nimmt eventuell
nicht die Form an, die Sie sich erhofft hatten, aber sie wird sich
als hilfreich erweisen und auf irgendeine Weise die Fragen beantworten, die Sie sehr stark beschäftigen.

Besenginster

Geschlecht: männlich
Planet: Mars
Element: Luft

Magische Verbindung:
Schutz, Läuterung, Liebe, Magie,
Weissagung, Windzauber

Brauchtum/Geschichte

Besenginster ist ein wichtiges Kraut für die magische Gemeinschaft, da es wahrscheinlich, worauf schon der Name hindeutet, zunächst als geschätztes Haushaltsgerät benutzt wurde. In vielen Kulturen ist Besenginster Teil der Hochzeitsfeierlichkeiten (zum Beispiel der Sprung über ein Bündel Besenginster, um den Beginn des neuen Lebens zu symbolisieren), und im Laufe der Jahre wurde der aus dem Ginster gebundene, richtige Besen zum Gegenstand des Aberglaubens. Wenn man beispielsweise einen solchen Besen in seinem neuen Heim vorfindet, ist das ein Glück verheißendes Omen, denn nun kann man den Staub in die Mitte des Raumes kehren und somit sicherstellen, dass das Glück nicht einfach weggeputzt wird.

Die Blüten des Besenginsters sind essbar und können für Salate, zum Einlegen und für Wein verwendet werden. Wenn Sie an getrockneten Besenginster kommen, können Sie Ihre eigenen magischen Dekorationen herstellen, indem Sie ihn zusammenbinden und ein paar getrocknete Blumen der Jahreszeit hineinflechten. Der Rauch dieses Krauts eignet sich sehr gut, um einen heiligen Raum zu reinigen. Statt mit einem gewöhnlichen Besen kann man auch mit Besenginster einen magischen Kreis ziehen.

Deutung

Aufrecht: Der Besenginster ist die Karte der Ordentlichkeit und Organisation. Vielleicht haben Sie das Gefühl, als ob Sie das Frühjahrsputzvirus schon sehr zeitig befallen hat. Oder es überkommt Sie das intensive Verlangen, Ihre Wohnung aufzuräumen. Häufig taucht diese Karte auf, weil Ihr persönliches Territorium irgendwie gestört wurde, entweder durch Umstände oder durch Menschen. Das Aufräumen ist für Sie eine Möglichkeit, Ihr Territorium zurückzuerobern. Diese Karte kann Ihnen auch raten, sich auf einer spirituellen Ebene besonders sorgfältig zu läutern. Ihr Heim ist Ihr Heiligtum, behandeln Sie es entsprechend.

Umgekehrt: Alles scheint verstreut und unordentlich, selbst die Dinge, von denen Sie glaubten, sie seien an ihrem Platz. Offenbar gibt es momentan einen Mangel an Konzentration, eine Unruhe, die alles von oben nach unten kehrt. Wenn das der Fall sein sollte, ist das für gewöhnlich der Hinweis, mit alten Vorgehensweisen und überholten Gewohnheiten zu brechen. Mit diesem Bruch des Gewohnten geht natürlich auch eine emotionale Verwirrung einher. Wenn unser Leben auf diese Weise gestört wird, sucht häufig der Große Geist eine Möglichkeit, unsere Aufmerksamkeit zu erlangen. Hören Sie auf diese Stimme, und kämpfen Sie nicht länger gegen positive Veränderungen an. Wir müssen uns wie eine Schlange regelmäßig häuten, um weiterwachsen zu können.

Distel

Geschlecht: männlich
Planet: Mars
Element: Feuer

Magische Verbindung:
Stärke, Mut, Schutz

Brauchtum/Geschichte

Die Distel ist seit langer Zeit das Symbol Schottlands und heißt im Volksmund manchmal auch *cardoon*. In der Magie eignet sich die Distel besonders gut für alle Rituale, bei denen es um Haustiere geht. In der Küche kann sie wie Spargel oder Rosenkohl zubereitet werden. Früher hat man mit Disteln auch einen ziemlich kräftigen Punsch aus Whiskey, Wermut, Estragon, Gewürznelken und diversen gekochten Blumenköpfen hergestellt. Wenn Sie sich an dieser Mischung versuchen wollen, dann am besten für Feuerfeste.

Deutung

Aufrecht: Im Moment haben Sie das Gefühl trotziger Unabhängigkeit und besitzen auch die körperliche Ausdauer, Ihre Absichten zu verfolgen. Aus irgendeinem Grund sind Sie unter Druck geraten und reagieren mit kühner Auflehnung. Diese Angelegenheit ist nicht nur die Schuld eines Einzigen. Jeder der Beteiligten hatte kein gutes Händchen für diese Situation, handelte aus dem Bauch heraus, nicht mit Verstand. Darum geben Sie nicht einfach »dem anderen« die Schuld, ohne nicht auch

Ihren Teil der Verantwortung zu suchen. Sie müssen eine Wahl treffen, aber das können Sie mit Würde tun, nicht in Zwist und Uneinigkeit.

Umgekehrt: Die Distel will Ihnen etwas über Ihr Selbstwertgefühl sagen. Allzu häufig sind Sie bereit, sich der Mehrheit zu beugen, selbst wenn es Ihren persönlichen Wertvorstellungen direkt zuwiderläuft. Dieses Kraut fordert Sie auf, Ihrer inneren Stimme zu folgen und sich den Mut als Freund zu suchen. Haben Sie keine Angst, für sich selbst und für die Dinge, die Sie für gerecht erachten, einzutreten. Schenken Sie den Ratschlägen von Menschen, die weiser sind als Sie, Beachtung, aber messen Sie deren Worte immer auch an Ihren eigenen Normen. Versuchen Sie, Ihr wahres Selbst, Ihre tiefsten Überzeugungen zu entdecken, und wachsen Sie auf dieses Ziel hin.

Fenchel

Geschlecht: männlich
Planet: Merkur
Element: Feuer

Magische Verbindung:
Schutz, Läuterung, Heilung

Brauchtum/Geschichte

In früheren Zeiten wurde dieses Kraut häufig bei Riten zu Ehren des Gottes Dionysos benützt. Der griechische Name für Fenchel lautet *marathon*, »dünn werden«, weil man lange glaubte, dass er als Appetitzügler wirke. In der magischen Tradition wird Fenchel oft zur Sommersonnenwende auf eine Schwelle gelegt, um negative Energien abzuwehren.

Die kleinen gelben Blüten dieses Krauts schmecken ähnlich wie Anis und eignen sich gut für Salate oder zum Würzen von Fischgerichten. Für eine wirksame Mundspülung oder eine Erfrischung des Atems müssen Sie nur ein wenig Fenchel in Rum oder Wasser aufbrühen. Mit Fencheltee lässt sich der Magen beruhigen, insbesondere auch bei Kleinkindkoliken. Die Blüten kann man mit Weinstein mischen, wodurch man ein gelbes bis braunes Färbemittel für Wolle erhält.

Deutung

Aufrecht: Fenchel ist ein Schutzkraut, und wenn diese Karte in Ihrem Blatt auftaucht, weist das auf die Notwendigkeit hin, Ihre Kraft zu sammeln. Treffen Sie besondere Vorsichtsmaßnahmen im Hinblick auf Ihre Gesundheit und Ihr Wohlbefinden. Ruhen Sie sich aus, und bereiten Sie sich auf den Sturm vor, der sich am Horizont zusammenbraut. In diesem Fall ist der Regen kurz, aber heftig, und Sie brauchen viel Humor, um nicht unterzugehen.

Umgekehrt: Der Fenchel rückt die persönlichen Schwächen in den Mittelpunkt, an denen Sie arbeiten müssen. Möglicherweise nagen schlechte Angewohnheiten, alte Ängste und andere kleine Fehler an Ihnen und fordern Ihre Aufmerksamkeit, damit Sie auf positive, transformative Weise mit ihnen umgehen. Lassen Sie sich von dem, was Sie sehen, nicht entmutigen. Wer seine Schwächen kennt und in der Lage ist, sich ihnen ehrlich zu stellen, stärkt seinen Charakter und formt eine solide Grundlage, von der aus er lernt, sich selbst zu lieben.

Kamille

Geschlecht: männlich
Planet: Sonne
Element: Wasser

Magische Verbindung:
Geld, Schlaf, Liebe, Läuterung

Brauchtum/Geschichte

Im Laufe der Geschichte war die Kamille immer wieder heiß begehrt, weil sie blonde Strähnchen im Haar hervorhebt, und sie wird schon lange als beruhigender Tee für Kinder und Erwachsene gleichermaßen eingesetzt. Gekühlter Kamillentee kann auch als Insektenabwehr auf die Haut aufgetragen werden. Wenn Sie damit Ihre Haare spülen wollen, nehmen Sie vier Teelöffel der Pflanze auf einen Liter Wasser. Kochen Sie das Ganze 20 Minuten auf, und seihen Sie es ab.

Die Griechen kannten diese Pflanze als Apfel der Erde. Gedünstete Kamillenblätter und -blüten lindern Zahnschmerzen und eignen sich gut für Cremespeisen, und die Pflanze selbst ist eine herrliche Bereicherung für jeden magischen Garten.

Um ein Kamillenbier für Rituale zur Wiederherstellung des Friedens zu brauen, müssen Sie 120 Gramm Kamillenblüten mit 30 Gramm Ingwerwurzel, 30 Gramm Weinstein, zwei Pfund Zucker, zwei Liter Wasser und einer Prise Orangenschale mischen. Auf niedriger Flamme erwärmen, bis sich der Zucker aufgelöst hat. Die Mischung abkühlen lassen, durchsieben und ein halbes Päckchen Aktivhefe dazugeben. Lassen Sie die Flüssigkeit eine Woche lang auf Ihrem Herd oder an einem anderen sicheren Ort arbeiten, bevor Sie sie in Flaschen abfüllen und lose verkorken. Nach zehn Wochen können Sie die Flaschen fest verschließen, und nach einem weiteren Monat ist das Bier trinkfertig.

Deutung

Aufrecht: Die Kamille verkörpert sowohl Energie als auch Friedlichkeit. Wenn sie zu einem Tee aufgebrüht wird, hilft sie uns sich zu entspannen und neue Kraft zu gewinnen, und so lautet auch der Rat dieser Karte. Nehmen Sie sich etwas Zeit, um die Quelle Ihres Selbst zu stärken. Vielleicht fühlen Sie sich gerade von Ihren Projekten oder Ihrer Verantwortung überfordert, oder Sie hatten in den letzten Wochen einfach nicht genügend Freizeit. Wie auch immer, denken Sie daran, Ihre Seele baumeln zu lassen. Wenn Sie das nicht tun, könnte eine Erkältung oder eine andere kleinere Erkrankung auftreten – als sanfte Aufforderung des Universums, sich auszuruhen!

Die Kamille kann auch auf einen Zuwachs an persönlicher Energie für einen bestimmten Zweck hinweisen, häufig einen kreativen. Konnten Sie feststellen, dass Sie träumen oder ständig vor sich hinkritzeln? Wenn das der Fall ist, achten Sie darauf, und machen Sie sich Notizen! Sie erhalten ein Projekt oder eine Idee, die sich später als eine wunderbare Chance erweisen kann.

Umgekehrt: Die Kamille fordert Sie auf, die Ausrichtung Ihrer persönlichen Energie zu überprüfen. Es scheint, dass sie zerstreut ist und ohne Ziel fröhlich umherhüpft. Vielleicht plagt Sie das Gefühl, nicht klar denken zu können, oder Sie sind frustriert, weil Sie es nicht fertig bringen, einen Drahtseilakt in Ihrem Leben in den Griff zu kriegen. Wenn dem so ist, halten Sie eine Weile inne. Delegieren Sie einen Teil Ihrer Verantwortung an andere, und geben Sie sich Raum zum Atmen. Sie müssen Ihre Energie zentrieren und die Herrschaft über Ihr Leben wiedererlangen, bevor Sie sich wieder auf die Suche begeben.

Melisse

Geschlecht: weiblich
Planet: Jupiter
Element: Wasser

Magische Verbindung:
Liebe, Freude, größere Denkfähigkeit,
Weissagung, Prophezeiungen

Brauchtum/Geschichte

Die Melisse – manchmal auch Zitronenmelisse genannt, weil ihr Duft dem der Zitrone verblüffend ähnelt – ist ein herrliches Mittel für einen Liebeszauber, besonders, wenn Sie darin baden.

Medizinisch gesehen wirkt sie wie ein mildes Sedativum und ist als Tee gut gegen Fieber und als Schlafmittel geeignet. Dioskurides erwähnt dieses Kraut, weil es das Unbehagen bei Insektenstichen lindert, und die Ärzte im alten Arabien glaubten, es verbessere das Allgemeinbefinden ihrer Patienten.

Es kann als Aromaverstärker in Salate und andere Gerichte gegeben werden, und in getrockneter Form ist es eine wunderbare Ergänzung für jedes Räucherwerk, dem Sie den frischen, reinigenden Duft einer Zitrone verleihen wollen.

Deutung

Aufrecht: Die Melisse ist die Pflanze des Mitgefühls. Diese Karte deutet darauf hin, dass jemand aus Ihrem Umfeld (vielleicht sogar Sie selbst) Unterstützung, ein offenes Ohr und etwas positives Feed-back braucht. Die betroffene Person versucht möglicherweise, die rettende Insel im Sturm zu finden,

wird aber von den Wellen in die Tiefe gerissen, auch wenn sie
es nicht bemerkt.

In dieser Position kann die Melisse auch darauf hinweisen,
dass die Gabe des Heilens in Ihnen schlummert und Sie das bislang verdrängt haben. Fürchten Sie sich nicht. Machen Sie sich
vielmehr klar, dass Heilung viele Formen annehmen kann, von
der Schmerzlinderung bis hin zur Einschlafhilfe. Es ist eine
sanfte Kunst, die nur selten dramatisch verläuft. Diese Karte
will Ihnen sagen, dass Sie die Gelegenheit haben, die Tür Ihres
Geistes zu öffnen und sich zu einem Instrument der göttlichen
Energie zu machen.

Umgekehrt: Diese Karte ist eine Warnung, dass sich Ihre
Einstellung gegenüber anderen verhärtet. Eine offene Hand
und ein warmes Herz sind kein Zeichen der Schwäche und bei
anderen immer willkommen. Haben Sie keine Angst zu helfen,
nur weil dadurch eventuell die Etikette verletzt werden könnte.
Werfen Sie Ihre Benimmbücher hin und wieder in die Ecke,
und reichen Sie anderen die Hand. Das wird nicht nur den
Menschen verändern, dem Sie geholfen haben, es wird auch
Sie verwandeln!

Die umgekehrte Karte warnt den Heiler, dass er zu viel persönliche Energie in seine Kunst gesteckt hat. Auch wer anderen hilft, braucht bisweilen selbst Hilfe. Die Gabe des Heilens
bringt oft Probleme mit sich, da sie mit einer großen Verantwortung und dem Wunsch, anderen zu helfen, verknüpft ist.
Wir können jedoch niemandem helfen, wenn wir selbst zu
müde sind, oder wenn unser innerer Brunnen versiegt ist. Ignorieren Sie Ihr Bedürfnis nach Unterstützung, positiver Energie und Ruhe nicht!

Minze

Geschlecht: männlich
Planet: Merkur
Element: Luft

Magische Verbindung:
Schutz, Heilung, Reisezauber, Liebe

Brauchtum/Geschichte

Die Minze wird mit zahlreichen historischen Persönlichkeiten in Verbindung gebracht, von Hekate bis hin zu den Pharisäern, die ihren Zehnten mit Minze bezahlten. Plinius der Ältere hielt sie für das lieblichste aller Kräuter, und die Griechen verwendeten die Minze bekanntermaßen sehr häufig bei ihren Tempelriten.

Verschiedene Minzarten, vornehmlich die Poleiminze, werden seit Tausenden von Jahren im Kampf gegen Insekten eingesetzt. Die frischen Blätter dieser Pflanze verteilte man im Mittelalter häufig im ganzen Haus, um den Geruch zu verbessern.

Minztee ist ein wirksames Mittel gegen Krämpfe und Bauchschmerzen. Wenn Sie rissige Hände haben, versuchen Sie es mit Minzwasser aus zwei Liter Flüssigkeit auf eine Tasse mit Kräutern. Aufkochen, in einen luftdichten Behälter geben und nach Bedarf verwenden.

Für einen erfrischenden Badezusatz, der den Blutkreislauf in Schwung bringt, nehmen Sie die gleiche Menge Minze, Lorbeer, Thymian, Rosmarin, Majoran, Lavendel und Zitronenmelisse und brühen das Ganze mit heißem Wasser auf. Wiederholen, bis das Wasser intensiv nach den Kräutern duftet.

Fügen Sie eine Tasse Brandy als Konservierungsmittel hinzu. In eine Flasche füllen und nach Wunsch in Ihr Badewasser geben.

Deutung

Aufrecht: Diese Karte ist ein Hinweis darauf, dass jetzt der richtige Zeitpunkt gekommen ist, um diverse Eigenschaften weiterzuentwickeln, die Ihr Selbstwertgefühl erhöhen. Sie haben momentan die Energie und die innere Stärke, Dinge anzugehen, von denen Sie bislang glaubten, sie unmöglich ändern zu können. Konzentrieren Sie sich jedoch immer nur auf eine wichtige Sache. Wenn Sie Ihre Energie zu sehr verzetteln, könnte diese Gelegenheit an Ihnen vorübergehen.

Umgekehrt: In dieser Position fordert die Minze Sie auf, bei der anstehenden Frage Ihre persönlichen Motive unter die Lupe zu nehmen (oder auch die anderer Menschen). Sie werden entdecken, dass irgendwo der Schein trügt. Vielleicht wurden Ihnen ein Job oder die Gründe für eine bestimmte Gefälligkeit falsch dargestellt. Wie auch immer, diese Karte fordert Sie auf, bedachtsam vorzugehen und nicht nur Ihr eigenes Gewissen zu befragen, sondern auch die Möglichkeit in Betracht zu ziehen, dass Sie in die völlig falsche Richtung marschieren, weil Sie in die Irre geführt wurden. Unabhängig von einer bestimmten Situation, dies ist die Gelegenheit, die Dinge zu klären, damit Sie Ihre Entscheidungen voller Zuversicht fällen können.

Mistel

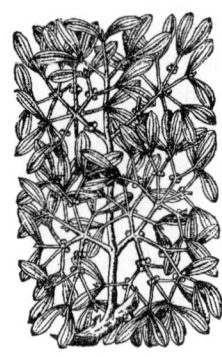

Geschlecht: männlich
Planet: Sonne
Element: Luft

Magische Verbindung:
Fruchtbarkeit, Gesundheit, Suche,
Romantik, Rechtsstreitigkeiten

Brauchtum/Geschichte

Die Mistel war den Völkern des alten Europa als Symbol der Unsterblichkeit heilig. Seit langem wird sie sowohl mit der Medizin als auch der Magie in Verbindung gebracht. Die Druiden nannten sie »die Pflanze, die alle Leiden heilt«. Die Mistel stand bei ihnen so hoch in Ehren, dass sie nur auf rituelle Weise mit einer goldenen Sichel gesammelt werden durfte. Die Germanen glaubten, ein Krieger, der einen Mistelstrauß mit sich führte, sei unbesiegbar.

Diese Pflanze blüht im späten Frühling und Frühsommer. Man kann die Mistel auch für medizinische Zwecke verwenden, zum Beispiel die Blätter in Wasser ziehen lassen, um damit hohen Blutdruck zu senken und Migräne zu lindern. Auch bei der biologischen Krebstherapie spielt die Mistel heute eine große Rolle.

Deutung

Aufrecht: Die Mistel in aufrechter Position ist ein Hinweis darauf, dass gewisse technische Probleme, die kürzlich aufgetreten sind, bald gelöst werden. Ein großes Gerät oder Ihr Wagen muss vielleicht repariert werden, aber irgendwie bekommen Sie genügend Mittel zusammen, damit sich alles in Wohlgefallen auflöst.

Aufgrund der schon lange bestehenden Verbindung zur Romantik kann die Mistel einem allein stehenden Menschen auch eine wichtige neue Beziehung ankündigen, die überaus leidenschaftlich und einfühlsam sein wird. Bei verheirateten Paaren symbolisiert die Karte ein Erwachen von Gefühlen, die seit langem verloren schienen. Eine neue intuitive Verbindung kann sich jetzt bilden, die die Beziehung stabilisiert.

Umgekehrt: In dieser Position kündet die Mistel von allen möglichen Schwierigkeiten, die technisch begründet sind. Es hat den Anschein, als ob alles um Sie herum gleichzeitig auseinanderbricht. Häufig treten diese Probleme in Dreierreihen über einen Zeitraum von drei Tagen, Wochen oder Monaten auf.

Im Hinblick auf Beziehungen ist die umgekehrte Mistel kein gutes Zeichen. Romantische Gefühle scheinen verloren, eine fast gleichgültige Haltung ist an ihre Stelle getreten. Möglicherweise ist eine dritte Partei im Bild erschienen und hat alles durcheinander gebracht, eine Meinungsverschiedenheit hat die Kommunikation unterbrochen oder die Zeit für Ihre Partnerschaft ist einfach abgelaufen. Diese Mistel warnt Sie, nicht zu schnell vorzugehen und keine raschen Entscheidungen zu treffen, die sich auf Emotionen gründen, anstatt auf ernsthaftes Nachdenken. Möglicherweise ist das nur eine vorübergehende Abkühlung und nicht der Winter. Es könnte sein, dass Sie etwas sehr Wertvolles aufgeben, wenn Sie nicht abwarten, was der Wind als Nächstes heranbläst, bevor Sie Ihr endgültiges Urteil fällen.

Moos

Geschlecht: weiblich
Planet: Saturn
Element: Erde

Magische Verbindung:
Glück, Liebe, Puppenmagie

Brauchtum/Geschichte

Das einfache Moos ist sehr bescheiden, doch seine Nützlichkeit für die kreative Magie sollte nicht unterschätzt werden. Viele Menschen, die Magie praktizieren, empfehlen den Gebrauch von getrocknetem Moos und entsprechenden Kräutern, um damit Puppen auszustopfen, insbesondere Puppen für Feuerfeste.

Zwei weitere Anwendungsmöglichkeiten waren während der viktorianischen Epoche sehr beliebt. So hat man mit Moosbüscheln Bilder aus gepressten Blumen umrahmt. Auf diese Weise bestand das gesamte Kunstwerk aus natürlichen Materialien. Häufig wurde auch getrocknetes Moos mit feinem Draht auf einen Strohreifen aufgezogen – als Grundlage für einen Kräuterkranz. Zu diesem Moos konnten im Anschluss beliebig viele getrocknete Kräuter und Blumen hinzugefügt werden. Die Kränze wirkten sehr dekorativ und konnten bestimmte Inhalte zum Ausdruck bringen.

Deutung

Aufrecht: Das Moos ist die Pflanze der mütterlichen Liebe und kann darauf hinweisen, dass ein junger Mensch oder jemand, der im Herzen jung geblieben ist, in Ihr Leben tritt. Diese Person braucht dringend Führung und Unterstützung. Sie ist impulsiv, naiv und so weltfremd, dass sie leicht übervorteilt oder manipuliert werden kann. Hier liegt ein großes Potential für eine magische Lehrer-Schüler-Beziehung, die wachsen wird, wenn sie in der richtigen, vertrauensvollen Atmosphäre gehegt wird. Es kann sich eine tiefe Freundschaft entwickeln, wenn Sie geduldig sind und daran denken, bei Ihrem Gegenüber keinerlei Wissen vorauszusetzen. Wie ein Kind, das erst noch Laufen lernen muss, ist diesem Menschen vieles von dem, was Sie mit ihm teilen, neu – selbst auf einer profanen und praktischen Ebene. Graben Sie tief in Ihrem Erfahrungsschatz, und teilen Sie soviel Wissen wie Sie können. Sowohl Ihr Leben wie das Ihres Schützlings wird dadurch bereichert.

Umgekehrt: In dieser Position kann das Moos von verschiedenen Dingen künden. Es kann eine Warnung sein, dass Sie sich nicht länger wie eine »Mutterglucke« aufführen sollen. Alle Eltern müssen ihre Kinder eines Tages sich selbst überlassen und auf das vertrauen, was sie ihnen beigebracht haben. In dem vorliegenden Fall müssen Sie das Schürzenband zwischen Ihnen und dem Betroffenen durchschneiden und das Beste hoffen.

Auf einer anderen Ebene kann diese Karte andeuten, dass Sie derjenige sind, dessen Verhalten in einer bestimmten Situation naiv, launenhaft oder »kindlich« ist. Aus irgendeinem Grund haben Sie sich vom Augenblick mitreißen lassen und die Perspektive verloren. Das Moos fordert Sie auf, einen Schritt zurückzutreten und einen kritischen Blick auf Ihre derzeitigen Verhaltensweisen zu werfen. Denken Sie darüber nach, welchen Rat Sie erteilen würden, wenn es sich hier um jemand anderen handeln würde, und dann befolgen Sie diesen Rat. Wenn ein Freund, dem Sie vertrauen, versucht, Ihnen etwas mitzuteilen, dann ist jetzt die Zeit, ihm zuzuhören.

Odermennig

Geschlecht: männlich
Planet: Jupiter
Element: Luft

Magische Verbindung:
Schutz, Schlaf

Brauchtum/Geschichte

Im ganzen Mittelalter war dies eine der beliebtesten Pflanzen für Breiumschläge, die man auf offene Wunden legte. Der Odermennig, auch Leberklette genannt, bekommt im Juli und August fünf kleine fünfblättrige Blütenblätter, die einen hohen Gerbsäureanteil besitzen. Wenn man sie in Wasser kocht und abseiht, erhält man eine wirksame Mundspülung; auf die Haut aufgetragen, lindert der Sud Insektenstiche und Akne.

Magisch gesehen soll der Odermennig im Heim oder Garten die Negativität an denjenigen zurückgeben, der sie ausgesendet hat, und die Anwesenheit von Hexen anzeigen. Ein kleiner Strauß Odermennig unter dem Kopfkissen soll zu einem friedvollen Schlaf führen.

Deutung

Aufrecht: Der Odermennig verkörpert Dankbarkeit. Es ist jedoch offen, ob dieses Gefühl vom Fragesteller gegeben oder empfangen wird. Welche Position diese Karte in Ihrem Blatt auch immer einnimmt, sie kündet von Umständen, in denen eine dankbare Haltung gefragt ist, die aus freien Stücken und vor allem von ganzem Herzen kommen muss.

Umgekehrt: Unerwiderte Liebe, Anstrengungen, für die man keinen Dank erhält, ein undankbarer Job oder eine Energie, die fruchtlos bleibt, stehen im Mittelpunkt der Situation. Ob nun ein direkter Bezug zum Fragesteller besteht oder nur zu einem Menschen seines Umfeldes, auf jeden Fall ist hier emotionale Unterstützung vonnöten, um diesen Umständen mit Würde und Haltung zu begegnen. Diese Karte erinnert uns daran, dankbar für die kleinen Dinge des Lebens zu sein, insbesondere jenen Menschen gegenüber, die uns selbstlos ihre Zeit schenken. Auch diejenigen, die helfen, brauchen Hilfe.

Petersilie

Geschlecht: männlich
Planet: Merkur
Element: Luft

Magische Verbindung:
Schutz, Läuterung, Verlangen

Brauchtum/Geschichte

Petersilie erfrischt den Atem auf natürlichem Wege. Die Römer kauten häufig Petersilie, um nach einer Orgie den Geruch von Wein auf ihrer Zunge zu überdecken und die Verdauung anzuregen. Petersilie wurde mit Persephone in Verbindung gebracht und soll Herkules als Kranz gedient haben.

Petersilie gedeiht in gemäßigten Zonen, und als Aufguss enthält sie große Mengen an Vitamin A und C sowie andere gesunde Mineralien. In der Tat ist sie so gesund, dass sie häufig an Rennpferde verfüttert wurde, um deren Vitalität zu erhöhen. In Frankreich ist die Petersilie ein geschätztes Küchenkraut, das großzügig für sautierte Gerichte und Hühnergerichte verwendet wird. In Japan wird die Petersilie als Beilage für Tempura tiefgefroren. Man kann sie auch dem Badewasser zufügen, um die Reinigung der Haut zu unterstützen.

Deutung

Aufrecht: Vergnügungen und Feste stehen kurz bevor! Diese Karte weist auf eine angenehme Phase in Ihrem Privatleben hin, auf Besuche bei Freunden, Partys und ein paar unerwartete Überraschungen. In vielen Fällen gibt es eine verdiente Pause von den täglichen Anstrengungen, die möglicherweise schon lange überfällig ist. Gleichgültig, wie sehr Sie versucht sein mögen, wieder auf den Wagen der Produktivität aufzuspringen, versuchen Sie, sich einfach zu entspannen und sich des Lebens zu freuen. Machen Sie sich klar, wie wichtig das in diesem Augenblick für Ihr Wohlbefinden ist.

Umgekehrt: Das Gefühl, sich zurückziehen zu wollen, der Wunsch, sich still und leise zu verstecken, sowie dunkle Ahnungen werden von der Petersilie in umgekehrter Position angedeutet. Sie haben sich absichtlich von einer Gruppe, die in Ihrem Leben eine große Rolle spielte, entfernt, entweder aufgrund von Peinlichkeiten oder Missverständnissen. Wenn möglich, sollten Sie versuchen, diese Situation zu bereinigen. Überdenken Sie nochmals genau die Geschehnisse, und versuchen Sie, die Brücke wieder aufzubauen; Sie sollten sie nicht ganz hinter sich abbrechen. Sind jedoch die anderen nicht bereit, zu vergeben und zu vergessen, ist es in den kommenden Tagen wichtig, die Wunde heilen zu lassen, denn nur so gewinnen Sie Ihren Seelenfrieden wieder.

Die Petersilie kann Ihnen auch etwas über Ihre persönlichen Essgewohnheiten mitteilen – höchstwahrscheinlich essen Sie zu üppig, weil Sie aufgeregt oder nervös sind. Hier lautet der Rat, Ihre Gewohnheiten zu überdenken und weniger positive aufzugeben.

Rosmarin

Geschlecht: männlich
Planet: Sonne
Element: Feuer

Magische Verbindung:
Geistige Regsamkeit, Schlaf, Läuterung,
Heilung

Brauchtum/Geschichte

Dieses Kraut ist seit dem 14. Jahrhundert traditioneller Bestandteil ungarischer Schönheitsrezepturen und war als Räucherwerk
im 16. Jahrhundert sehr beliebt. Außerdem kannte und verwendet man es schon lange zuvor in vielen anderen Ländern. Die
Römer hielten es für ein heiliges Kraut, das den Lebenden Freude
und den Toten Frieden bringt. In einer Legende heißt es, dass
eine Frau der Herr im Haus ist, wenn ein Rosmarinstrauch in
einem Garten wächst. Rosmarin wurde häufig in Brautsträuße
geflochten, weil er Liebe und Andenken symbolisiert.

Als Tee wird Rosmarin verschrieben, um die Auswirkungen
einer Grippe oder geistiger Anspannung zu lindern. Als Wein
fördert er die Verdauung, und als Tinktur (ein Liter Wasser, 30
Gramm Salbei, 30 Gramm Rosmarin) ist er für Brünette hervorragend als Haarspülung geeignet. Rosmarinknospen im Ge-
sichtsdampfbad macht die Haut munter.

Sie können sich auch einen wunderbaren Hustensaft mit
diesem Kraut zubereiten, indem Sie eine Tasse warmen Honig,
je eine Scheibe Orange, Zitrone und Ingwer, eine ganze Knob-
lauchzehe und zwei Teelöffel Rosmarin mischen. Bewahren
Sie die Mischung in einem luftdichten Behälter auf und seihen

Sie sie ab, sobald der Knoblauch fast transparent aussieht. Dieses Rezept hat außerdem den Vorteil, dass es sich hervorragend als Glasur für Hühnchen und Schinken eignet.

Deutung

Aufrecht: Diese Karte weist eindeutig auf Geselligkeit hin. Die Zeit, die Sie mit anderen Menschen verbringen, scheint Ihnen neue Energie und einige wirklich schöne Erinnerungen für die Tage, die vor Ihnen liegen, zu geben. Der Rosmarin könnte von einer Hochzeit künden, Ihrer eigenen oder der eines nahen Freundes. Es sind auch noch andere Feierlichkeiten zu erwarten, und Sie sollten alles unternehmen, um ihnen beizuwohnen. Wenn Sie das nicht tun, verpassen Sie eine ganz besondere Gelegenheit für Geselligkeit und Spaß, an die Sie noch lange denken werden.

Umgekehrt: Der Rosmarin hat Ihnen in dieser Position Unterschiedliches zu sagen. Zum einen könnte bei Ihnen die Neigung vorhanden sein, allzu oft auszugehen, bis hin zu dem Punkt, an dem Ihre persönliche Energie schwindet. Außerdem warnt Sie der Rosmarin, dass andere Menschen Ihre Gutmütigkeit ausnutzen und Ihre scheinbar endlose Quelle der Kraft anzapfen. Denken Sie nicht, dass Sie ständig »Ja« sagen müssen, um andere Menschen glücklich zu machen. Ihre erste Verpflichtung gilt Ihrem eigenen Wohlbefinden.

Andererseits kann der Rosmarin auch von ungeschicktem Verhalten in einer gesellschaftlichen Situation künden. Eine Panne auf einer Party, harte Worte vor fremden Ohren oder andere peinliche Begebenheiten könnten die Feierlichkeiten verderben. Wenn das der Fall ist, tun Sie Ihr Bestes, um die Wogen zu glätten, damit sich alle wieder wohl fühlen. Nur weil Sie in einen Fettnapf getreten sind, heißt das noch lange nicht, dass Sie Ihren Fuß nicht wieder herausziehen können!

Safran

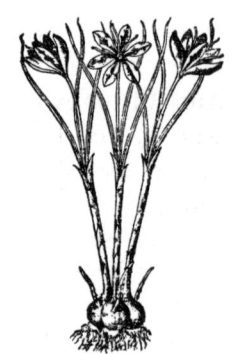

Geschlecht: männlich
Planet: Sonne
Element: Luft

Magische Verbindung:
Gehobene Stimmung, mediale Energie,
Freude, Heilung, die Winde bewegen
(Persien)

Brauchtum/Geschichte

Dieser Angehörige der Familie der Krokusse ist seit sehr langer Zeit Teil des menschlichen Erbes. Er ist so wertvoll, weil man ungefähr 30 000 Blüten braucht, um 30 Gramm Gewürz zu erhalten. Außerdem werden aus Safran die herrlichsten gelben Farbstoffe hergestellt, die es gibt. Die Griechen machten sich das zunutze, nannten Safran die königliche Farbe und kleideten ihre Götter und Helden in gelbe Gewänder. König Salomos Garten hatte eine ganze Parzelle mit diesem Kraut, und zwischen dem 14. und 18. Jahrhundert war es eines der beliebtesten Heilkräuter Europas.

Für medizinische Zwecke wird Safran nur noch selten benützt, da es bei einer Dosierung von zehn Gramm oder mehr zu Vergiftungen kommt. Nach wie vor ist es jedoch ein beliebtes Gewürz für Bouillabaisse, Kuchen, Brot, Kekse, Lammfleisch und Fisch.

Ein leckerer Pudding lässt sich mit Safran ebenfalls zubereiten. Weichen Sie in einer Tasse warmer Milch mehrere Safranbüschel ein, geben Sie 60 Gramm in Mehl gerollte Butter sowie 30 Gramm blanchierte Mandeln, eine Prise Zimt und 60 Gramm Zucker dazu. Auf niedriger Flamme aufwärmen und servieren, sobald es eindickt.

Deutung

Aufrecht: Freude und Lachen sind das Geschenk dieses Gewürzes. Ihre Lebenssituation ist momentan alles andere als schwer. Sie haben nur wenige Sorgen, die Rechnungen sind bezahlt, die Arbeit läuft reibungslos, und ganz allgemein scheint mit der Welt alles in Ordnung. Sie stellen fest, dass sich Ihr Sinn für Humor verbessert hat und Sie über die merkwürdigen Wechselfälle des Lebens lachen können.

Dies ist eine Phase reiner Freude, in der Sie tief durchatmen können und keinerlei Druck oder Sorge spüren. So gesehen könnte der Safran auch einen Kurzurlaub ankündigen.

Umgekehrt: Ein Gefühl dunkler Vorahnung, der Melancholie oder allgemeiner Düsternis scheint wie eine Wolke über Ihrem Kopf zu schweben. Das Problem ist nur, dass Sie keine Ahnung haben, warum dem so ist. Selbst wenn Sie es wissen, haben Sie keine Kontrolle darüber. In einer Zeit wie dieser sollten Sie Ihre Freunde oder Familienangehörigen um etwas mehr Unterstützung bitten. Weinen Sie alles heraus, und reinigen Sie sich durch Ihre Tränen. Rufen Sie die Winde herbei, damit sie die Wolken wegschieben und anstatt des Stirnrunzelns wieder ein Lächeln in Ihrem Gesicht erscheint.

Salbei

Geschlecht: männlich
Planet: Jupiter
Element: Luft

Magische Verbindung:
Einsicht, Fruchtbarkeit, Langlebigkeit,
Wünsche

Brauchtum/Geschichte

Salbei, dessen Name vom lateinischen *salvare* stammt, was »heilen« oder »retten« bedeutet, wurde von den Römern mit großer Feierlichkeit und Sorgfalt gesammelt. Sie benützten dazu keinerlei Eisenwerkzeuge, trugen weiße Tuniken und hatten sich ihre Füße besonders gründlich gewaschen. Im Mittelalter galt Salbei als Allheilmittel und war obligatorischer Bestandteil in fast allen Gerichten und Arzneien.

Heute findet der Salbei immer noch in vielen Bereichen Anwendung. Er ist – wie so viele stark aromatische Pflanzen – ein gutes Insektenabwehrmittel, hat sich für Menschen mit hohem Blutzucker als segensreich erwiesen, wirkt verdauungsfördernd und kann in aufgebrühter Form sogar bei unregelmäßiger Monatsblutung helfen.

Für einen aromatischen Salbeitee brauchen Sie 30 Gramm des Krautes auf einen Liter kochendes Wasser. Fügen Sie etwas Orangen- und Zitronenblüten hinzu. Diese Mischung lässt sich auch gut gurgeln, und sie erfrischt den Atem.

Deutung

Aufrecht: Zu Ihrer großen Überraschung hat Sie der Putzfimmel gepackt! Plötzlich hatten Sie das starke Verlangen, sauber zu machen, aufzuräumen, Sachen wegzupacken, zu schrubben und Ihr Domizil in neuem Glanz erstrahlen zu lassen. Diese neue Manifestation von Häuslichkeit hilft Ihnen, Ihr Territorium zu markieren und Ihre Wohnung zu einem Zuhause zu machen. Folgen Sie dieser Energie. Achten Sie darauf, Ihr Heim für die Menschen und Tiere, die dort leben, in höchstem Maße zugänglich und angenehm zu machen.

Diese Sehnsucht kann sich auch auf andere Weise zeigen: Wahrscheinlich machen Sie sich viele Umstände und viel Wirbel um Ihre Freunde und Ihre Familie, aber man genießt diese Aufmerksamkeit. Sie konzentrieren sich jetzt ganz auf Ihr häusliches Umfeld, und das ist immer wichtig.

Umgekehrt: Chaotisch, unordentlich und ungepflegt sind die Worte, die einem hier einfallen. Sie gehen Ihren Haushaltspflichten in einem Maß aus dem Weg, dass sich bald kein sauberer Teller mehr findet. Schmutzige Kleidungsstücke häufen sich, und Staubwolken werden demnächst Ihre ganze Wohnung überziehen. Die Menschen, mit denen Sie zusammenleben, werden bald die Geduld mit Ihnen verlieren, was zu viel Spannung und Feindseligkeit führt.

Der Rat dieser Karte lautet, sich »sauberer« zu verhalten. Nehmen Sie mehr Rücksicht, gehen Sie mit anderen sanfter um, und erfinden Sie keine Ausreden mehr, die Ihre Faulheit rechtfertigen. Selbst wenn Sie allein leben, schulden Sie sich ein gewisses Maß an sauberem, ordentlichem Wohnraum – schon aus gesundheitlichen Gründen. Die Art und Weise, wie Sie Ihr Heim behandeln, ist häufig ein Gradmesser für Ihre Selbsteinschätzung. Welche Einstellung spiegelt Ihre Wohnung wider?

Schafgarbe

Geschlecht: weiblich
Planet: Venus
Element: Wasser

Magische Verbindung:
Mut, geistige Stärke, Liebe

Brauchtum/Geschichte

Einst glaubte man, dass die Schafgarbe von Achill als Heilmittel verwendet wurde. In Asien wird sie in Ehren gehalten, weil man sie mit dem I Ging in Verbindung bringt (siehe *Einführung*, Seite 13). Diese Pflanze ist dem gehörnten Gott heilig und wird oft als Hochzeitsschmuck verwendet.

Die Geschichte zeigt, dass die Menschheit sich die Schafgarbe seit fast 60 000 Jahren zunutze macht. Im 17. Jahrhundert wurde eine Hexe angeklagt, die sich der Schafgarbe für einen Liebeszauber bediente. In jüngster Zeit empfahlen die Shaker dieses Kraut gegen Blutungen und Husten.

Die Schafgarbe wirkt entzündungshemmend, wenn man sie als Breiumschlag auflegt. Als Hautlotion besitzt sie gute adstringierende Eigenschaften.

Deutung

Aufrecht: Widersprüchliche Emotionen, verwirrende Auswahlmöglichkeiten und unterschiedliche Ansichten bilden den Ausgangspunkt Ihrer Frage. Es gibt zu viele Köche und zu viele Sachverständige, und all diese verschiedenen Stimmen verursachen Ihnen Schwindelgefühle. Ihr bester Freund ist momentan Ihre Privatsphäre, fern aller Spekulationen, wo Sie in Ruhe nachdenken können.

Der Rat dieser Karte lautet, genau das zu tun. Ziehen Sie sich eine Weile zurück, überdenken Sie alles gründlich. Berücksichtigen Sie die Ansichten und Meinungen, die Ihnen gegenüber geäußert wurden, aber lassen Sie sich dadurch nicht Ihrer Fähigkeit berauben, die Sachlage selbst zu beurteilen.

Umgekehrt: Ein Ende der Verwirrung und der Unruhe. Entweder haben Sie eine definitive Entscheidung gefällt oder etwas ist geschehen und hat das Chaos der letzten Wochen beseitigt. Das endgültige Ergebnis kann gut oder schlecht ausfallen, aber die Sache ist endlich geregelt, was an sich schon für Erleichterung sorgt.

Thymian

Geschlecht: weiblich
Planet: Venus
Element: Wasser

Magische Verbindung:
Mut, Energie

Brauchtum/Geschichte

Der Thymian, geboren aus den Tränen der sanften Helena, wächst als Wildkraut im Mittelmeerraum. Die Ägypter und Etrusker verwendeten dieses Kraut für ihre Einbalsamierungstechniken, die Griechen verbrannten Thymian zu Ehren ihrer Götter, und die Römer weichten Thymian in Wasser ein, um damit ihre Schönheit zu vergrößern.

Über die Eigenschaften des Thymians ist viel geschrieben worden. Aristoteles war der Ansicht, der aus diesem Kraut gewonnene Honig sei so köstlich, dass er ursprünglich auf Sternen und Regenbogen hergestellt worden sein müsse. Frühe Kräuterkundler empfahlen Thymian, um Gelenkschmerzen zu lindern, den Blutkreislauf anzuregen und den Appetit zu steigern. Auf diese Weise verwendet man den Thymian auch heute noch, zusätzlich auch als Mittel gegen Husten und zur Steigerung der Vitalität. Die getrockneten Blüten des Thymians halten sogar Motten von Leinenwäsche fern!

Die Perser knabberten gerne an den Blüten, und die kulinarische Verwendung des Thymians ist sehr bekannt, vor allem für Suppen, als Füllung und Würze von Lamm-, Rind- und Schweinefleisch. Für einen Essig, der sich hervorragend für Salate und

zum Marinieren von Fleisch eignet, nehmen Sie Ihren Lieblings-
essig (drei Tassen) und fügen mehrere Zehen frischen Knoblauch hinzu, ebenso je zwei Teelöffel Oregano, Basilikum und
Thymian. Anschließend auf niedriger Flamme erwärmen. Mindestens ein Jahr haltbar.

Deutung

Aufrecht: Mut und Energie im Angesicht von Widrigkeiten ist
die Botschaft des Thymians. Gleichgültig, wie Ihre Frage lautet, wenn Sie tief in sich hineinschauen, werden Sie eine Quelle
der Kraft finden, die nur darauf wartet, Ihnen zu helfen. Sie
haben es hier mit einer Lernerfahrung zu tun, eine, die Sie auf-
fordert, an sich selbst zu glauben, auch wenn Ihnen der Boden
unter den Füßen weggezogen wurde. Wenn Sie Ihre Entschlossenheit bewahren können, werden Sie feststellen, dass die Ergebnisse die vorübergehenden Frustrationen sehr wohl wert
waren.

Umgekehrt: Schüchternheit und Zögerlichkeit, die Unfähigkeit, eine klare Entscheidung zu treffen. Sie schwanken schon
viel zu lange hin und her, und wenn Sie die Sache nicht bald
angehen, werden Sie die Chance verpassen. In dieser Angelegenheit geht es nicht darum, die perfekte Lösung zu finden,
sondern einfach darum, etwas zu tun, anstatt am Wegesrand
zu sitzen und zuzusehen, wie das Leben an Ihnen vorüberzieht.

Tollkirsche

Geschlecht: weiblich
Planet: Saturn
Element: Feuer

Magische Verbindung:
Struktur, Manifestation,
zunehmende Macht, Geheimnisse,
Reinigung magischer Werkzeuge

Brauchtum/Geschichte

Die Tollkirsche ist eines der tödlichsten Gifte, die der Mensch kennt. Aus diesem Grund müssen Sie mit großer Vorsicht und der angemessenen Sorgfalt vorgehen, wenn Sie die Tollkirsche zu magischen Zwecken heranziehen. Wenn Sie sie für einen Zauber verwenden oder Ihrem Wasser ein wenig davon beimischen wollen, um Ihre Werkzeuge zu weihen, dann stellen Sie bitte sicher, dass Sie die Pflanze außerhalb der Reichweite von Kindern und Haustieren aufbewahren.

Deutung

Aufrecht: Die Tollkirsche ist die Karte der Geheimnisse, des Unbekannten, der Leere und des Todes. In der aufrechten Position weist sie auf eine drastische, zwangsläufige Veränderung hin, bei der Sie von einem Unsicherheitsfaktor abhängig sind. Sie könnten sich beispielsweise veranlasst fühlen, in ein anderes Land zu ziehen, ohne dort bereits eine feste Arbeitsstelle zu haben. Diese Karte kann auch das Ausbrechen aus einem Zyklus, aus einer negativen Beziehung oder einer Angewohnheit verkörpern.

Diese Karte ist sehr mächtig und weist darauf hin, dass in Ihrem Leben Kräfte wirksam sind, die sich Ihrer Kontrolle entziehen. Vieles bleibt Ihnen verborgen, wie Schatten, die Sie nie richtig sehen können, bis Ihr Glauben so weit entwickelt ist, dass er zu einer Lösung führt. Sie werden sich mit tiefen Ängsten und innerer Zerrissenheit auseinander setzen müssen – bei den Menschen Ihres Umfelds, aber auch in Ihrem eigenen Herzen. Geben Sie aber die Vision nicht auf, von der Sie einen Blick erhascht haben! Sie kann Wirklichkeit werden.

Umgekehrt: In dieser Position kündet die Karte von schmerzvollen Veränderungen oder Tod. Es kann sich um einen tatsächlichen Todesfall handeln oder einfach nur um das Ende einer überholten Haltung, doch was immer es ist, die Umstellung wird Ihnen nicht leicht fallen.

Die Tollkirsche will uns etwas von den Giften in unserem Leben erzählen – vielleicht von einer Sucht, von Bitterkeit, Zorn und anderen Formen menschlichen Versagens, die sich emotional oder körperlich als schädlich erweisen können. Wenn das der Fall ist, machen Sie sich klar, dass Sie derjenige sind, der den ersten Schritt in Richtung innere und äußere Ganzheit machen muss. Sie mögen sich auf Ihrer Reise allein, verlassen und ohne Wegweiser fühlen, und das aus gutem Grund. Das Schicksal fordert Sie auf, die Bereitschaft zu entwickeln, sich selbst zu helfen. Erst wenn Sie sich über die Qualität Ihres Lebens wirklich Gedanken machen wollen, können andere Ihnen helfen.

Waldmeister

Geschlecht: männlich
Planet: Mars
Element: Feuer

Magische Verbindung:
Sieg, finanzielle Angelegenheiten,
Frühlingsrituale

Brauchtum/Geschichte

Der Waldmeister, der »Meister der Wälder«, wächst vor allem in artenreichen Buchenwäldern, aber auch in anderen Wäldern mit kalk- und nährstoffreichen Böden. Im 15. Jahrhundert dekorierte man die Dachbalken der Kirchen mit Waldmeister, vor allem zum Schutz vor diversen Insekten.

Waldmeister, dessen Duft als eine Mischung aus Heu und Vanille beschrieben wird, ist der wichtigste Bestandteil für zahlreiche Maiweine. Sie erhalten einen leichten Maiwein, wenn Sie Apfelwein über frischen Waldmeister gießen, den Sie gut gekühlt haben. 30 Minuten ziehen lassen. Als nächstes 60 Gramm Zucker in einem Viertel Liter Wasser auflösen und mit dem Rest mischen, wobei Sie den Waldmeister entfernen. Fügen Sie eine Orangenscheibe hinzu, und trinken Sie mit Genuss. Waldmeister lässt sich außerdem für Suppen, Soßen, Salate und als Tee verwenden.

Deutung

Aufrecht: Diese Karte sagt einen moderaten Verdienst voraus. Sie räumen gerade den Dachboden auf, helfen bei einem Flohmarkt oder gehen einer ähnlichen Aktivität nach, und plötzlich fällt Ihr Blick auf einen Gegenstand. Ignorieren Sie ihn nicht. Das Schicksal will Ihnen aus einer Laune heraus ein wenig Glück zukommen lassen. Bei diesem Gegenstand wird es sich zwar nicht um ein kostbares Schmuckstück oder ein seltenes Gemälde handeln, aber wenn Sie es verkaufen, machen Sie einen schönen Gewinn, sofern Sie schlau, wenn auch ehrlich vorgehen.

Umgekehrt: Man hat Ihnen eine Reihe von Sachen verkauft, und jetzt sitzen Sie mit Schrott von minderer Qualität da. Je nachdem, wie hoch der Schaden ist, können Sie entsprechende Maßnahmen ergreifen, beispielsweise den Verbraucherschutz einschalten. Handelt es sich jedoch nur um eine kleinere Angelegenheit, können Sie das Ganze in Ihrem »Durch Erfahrung schlauer«-Ordner abheften und sich an eine bessere Adresse wenden, um Gegenstände von höherer Qualität zu erwerben.

Zaubernuss

Geschlecht: männlich
Planet: Sonne
Element: Feuer

Magische Verbindung:
Reinigung, Heilung, Schönheit

Brauchtum/Geschichte

Die Zaubernuss ist in den meisten Regionen Nordamerikas heimisch. Buchstäblich mehrere Millionen Liter Zaubernusstinktur werden jedes Jahr als Gesundheits- und Schönheitsmittel verkauft. In dieser Form hat die Pflanze leicht adstringierende Eigenschaften, und als Tee eignet sie sich hervorragend bei Mund- und Halsinfektionen.

In Indien werden die Zaubernussblätter zerdrückt und gegen Augenentzündungen und Kopfschmerzen aufgelegt. Sie helfen auch bei Insektenstichen und leichten Zerrungen. In einigen Regionen der Welt werden aus den biegsamen Zweigen der Pflanze Pfeilbögen hergestellt.

Wenn Sie unter Hautreizungen leiden, geben Sie eine Hand voll Zaubernussblätter in Ihr Badewasser, um sich Linderung zu verschaffen.

Deutung

Aufrecht: Die aufrechte Zaubernuss in Ihrem Blatt weist darauf hin, dass Sie von einem Menschen oder einer Idee total verzaubert sind. So sehr, dass Ihr Urteilsvermögen darunter leidet.

Der Rat dieser Karte lautet, zu genießen, was Sie haben, sich aber nicht vollständig mit einer Sache zu identifizieren und somit zuzulassen, dass gleichermaßen wichtige Dinge zurückgestellt werden. In Beziehungen kündet diese Karte für gewöhnlich von einer Schwärmerei, die schnell verglüht, wenn sie nicht angemessen gepflegt wird. In den meisten Situationen ist diese Karte ein Zeichen für voreilige Begeisterung, die Ihnen eine tiefe Enttäuschung bereiten kann. Gleichgültig, wie fasziniert Sie sind, versuchen Sie, wenigstens mit einem Fuß auf dem Boden zu bleiben.

Umgekehrt: Absolut keine guten Nachrichten. Etwas, das Sie erhofft haben, oder eine Beziehung, die Sie sich gewünscht haben, wird sich nicht verwirklichen. In dieser Karte liegen Desillusionierung und Frustration, und unglücklicherweise ist der Fehler in den meisten Fällen bei Ihnen zu suchen. Sie haben zu sehr gedrängt oder versucht, Ihren Einfluss auf unangebrachte Weise geltend zu machen und tragen somit die Verantwortung. Aber trotz aller Traurigkeit ist dies eine Situation, aus der Sie wichtige Lektionen mitnehmen können, insbesondere was Ihr persönliches Kommunikationsverhalten betrifft. Sie werden etwas Zeit brauchen, um sich zu erholen und die Wunden heilen zu lassen. In dieser Phase sollten Sie die Gelegenheit zu positiver Innenschau nutzen.

Wie Sie diese Kräuter einsetzen können

In den vorangegangenen Kapiteln habe ich bereits kurz angesprochen, wie die Kräuter in früheren Zeiten zur Weissagung
benutzt wurden. Daneben gibt es zahlreiche Möglichkeiten,
Kräuter über die Herstellung Ihres eigenen Orakels hinaus ein-
zusetzen. Zum Beispiel die folgenden:

❧ Pendeln Sie mit den Kräutern zur Beantwortung von »Ja«-
oder »Nein«-Fragen wie im ersten Teil des Abschnitts *Blu-
men- und Kräuterweissagungen* beschrieben. Denken Sie
daran, ein Kraut zu verwenden, das einen Bezug zum zentralen Thema Ihrer Frage hat.

❧ Kaufen Sie das Kräuter-Tarot von Candice Cantin und
Michael Tierra. Vielleicht kommt es Ihren Vorstellungen
entgegen oder es inspiriert Sie zu einem eigenen Kartenspiel.

❧ Wählen Sie aus der Bibliografie dieses Buches andere Werke
aus, mit denen Sie die Symbolik für Ihr Orakel, Ihre Räucherwerke, Kräuterlotionen, Salben und Öle sowie Dekorationen für Ihre heiligen Orte erforschen können. **Bitte achten Sie ganz besonders darauf, dass jede Kräuterzuberei-
tung, die Sie für Ihre Haut oder als magisches »Elixier«
herstellen, auch nach heutigen Maßstäben sicher ist.** Am besten erreichen Sie dies, wenn Sie drei voneinander unabhän-
gige Bücher über die medizinische und kulinarische Verwendung von Kräutern einsehen und mit Menschen reden, von
denen Sie wissen, dass Sie sich mit Kräutern gut auskennen.

Wo *Sie diese Kräuter finden*

❧ Suchen Sie in den Gelben Seiten nach Lieferanten von kontrolliert biologisch oder ökologisch angebauten Kräutern. Viele Reformhäuser, Bioläden und Kräuterhäuser bieten ein umfangreiches Angebot an Kräutern an und geben auch große Mengen ab. Dort können Sie auch ein paar Namen von Kräuterlieferanten in Ihrer Gegend erfragen.

❧ Fotos und Zeichnungen von Kräutern finden Sie in den oben genannten Geschäften (die Verpackungen, in denen viele Kräuter geliefert werden, haben manchmal gute Abbildungen). Sie können auch bei Flohmärkten danach Ausschau halten. Andere hervorragend geeignete Quellen sind Samenkataloge, Geschäfte für Gartenbedarf, alte Enzyklopädien, Kräuterbestimmungsbücher und Gartenzeitschriften.

Die Sprache der Bäume und Sträucher

Ein Narr sieht nicht denselben Baum,
den ein Weiser sieht.

<small>WILLIAM BLAKE</small>

Wenn wir einen Baum anschauen, denken wir sofort an Fundament, an Wurzeln und Erdung. Das lange Leben dieser herrlichen Pflanzen ruft uns stets ihre Kraft, Beharrlichkeit und Dauerhaftigkeit ins Gedächtnis. Abgesehen von dem symbolischen Aspekt ist es auch schön, Teile von Bäumen oder Sträuchern in Ihr Orakel zu integrieren. Ich empfehle jedoch, das Holz nicht von den Bäumen »abzuernten«, sondern Ausschau nach auf dem Boden liegenden Ästen und Zweigen zu halten. Wenn man einen Ast abbricht, hinterlässt das häufig eine Öffnung und es besteht die Gefahr eines Insektenbefalls.

Sie können das Holz eines speziellen Baumes als Basis für Ihr Orakel wählen, ganz nach Ihrer persönlichen Vorliebe (siehe *Die Herstellung des Orakels, S. 21ff.*). Sie können aber auch ein Bild von einem Baum oder getrocknete, gepresste Blätter und Blüten als Teil Ihrer Weissagungssymbolik verwenden.

Apfel

Geschlecht: weiblich
Planet: Venus
Element: Wasser

Magische Verbindung:
Gesundheit, Liebe, Wissen,
Gartenarbeit

Brauchtum/Geschichte

Zu den Gottheiten, die mit dem Apfel in Verbindung gebracht werden, gehören Diana, Zeus und Athene. Die nordischen Götter verspeisten die Frucht dieses Baumes täglich, um ihre Vitalität zu erhöhen und ihre Jugend zu bewahren. Der Apfel wird eng mit Selbsterkenntnis, die positiv oder negativ benutzt werden kann, assoziiert. Er ist auch die traditionelle Frucht für Liebesweissagungen. Dafür dreht man zum Beispiel den Stil.

Wenn Äpfel geerntet werden, stellt ein Apfelkuchen das passende Gericht für Samhain oder jedes andere Herbstfest dar. Zauberstäbe aus Apfelholz sind hervorragende Werkzeuge für Rituale, bei denen es um Gesundheit oder einen Segen für ein bestimmtes Grundstück geht. Apfelblüten auf einem Altar sehen bei Hochzeiten besonders schön aus.

Deutung

Aufrecht: Der Apfelbaum ist das Symbol der Versuchung, während seine Blüten für Wahlmöglichkeiten und Verlangen stehen. Tritt der Apfelbaum inklusive Blüten in der aufrechten Position auf, wird er als Hinweis darauf betrachtet, dass Sie ei-

nige schwere Entscheidungen zu treffen haben, häufig morali-
scher Natur. Hier lautet der Rat, all Ihre Optionen sorgfältig
zu bedenken, bevor Sie ein Urteil fällen, das Sie lange Zeit bedauern könnten. Es handelt sich nicht um eine Entscheidung,
die Sie aus einer Laune heraus treffen sollen, und Sie dürfen
sich dabei auch nicht von der Meinung anderer beeinflussen
lassen, da die Konsequenzen überaus persönlicher Natur sind.

Umgekehrt: Der Apfel weist darauf hin, dass Sie Ihrem Verlangen nachgegeben haben und diese Entscheidung jetzt bedauern. Da Sie Ihre Wahl bereits getroffen haben, ist es am besten, sich nicht im Nachhinein zu quälen. Stattdessen sollten
Sie dies als Gelegenheit sehen, den Wert von Vorausschau und
Planung zu erkennen und mit allen Konsequenzen auf positive
Weise umzugehen. Die persönliche Verantwortung ist zumeist
keine leichte Lektion, aber allemal eine überaus wertvolle.

Birke

Geschlecht: weiblich
Planet: Venus
Element: Wasser

Magische Verbindung:
Schutz, Läuterung,
Verbindung zur Natur

Brauchtum/Geschichte

Die Birke ist eine wunderbare Ergänzung für jeden Steingarten. Sie ist die Königin des Waldes und dem Gott Thor geweiht. Ihre Blüten kommen in Form hängender Kränzchen, mit Knospen, aber ohne richtige Blütenblätter. Das Holz der Birke wird häufig für den Stiel der traditionellen Hexenbesen verwendet. Die Rinde und die Blätter dieses Baumes haben leicht schmerzstillende Wirkung und eignen sich in Form einer Tinktur wunderbar als Mundspülung.

Für einen erfrischenden Ritualtrunk sammeln Sie im Frühling ein Kilo kleine Birkenästchen und kochen sie mit sechs Litern Wasser auf. Geben Sie ein Kilo Honig oder Zucker hinein, und verrühren Sie es über der Flamme, bis es sich aufgelöst hat. Zucker fermentiert viel schneller als Honig und sorgt für einen etwas anderen Geschmack, darum wählen Sie nach Ihren Vorlieben und der Zeit, die Sie dafür haben.

Sobald sich alles gut vermischt hat, lassen Sie das Getränk abkühlen, bis es lauwarm ist. Dann fügen Sie ein halbes Päckchen Aktivhefe hinzu, die Sie in warmem Wasser aufgelöst haben. Decken Sie den Topf anschließend mit einem Tuch ab, und lassen Sie ihn zwei Wochen lang auf Ihrem Herd stehen, damit die Mischung arbeiten kann. Danach abseihen und in Flaschen füllen. Die Korken zwei Wochen lang nur leicht aufdrücken. Sie können das Bier jetzt schon trinken, besser schmeckt es jedoch nach ungefähr drei Monaten.

Deutung

Aufrecht: In der aufrechten Position weist die Birke auf Anmut, Schönheit und Verzauberung in Ihrem Leben hin. Vielleicht verspüren Sie den Wunsch, für andere Menschen zu sorgen. Jetzt ist eine hervorragende Zeit für Einladungen. Die Birke ist ein Zeichen für eine Phase der Geselligkeit, eine Zeit, in der sich Weltoffenheit entwickelt. Neue Bekannte, die möglicherweise zu Freunden werden, treten in Ihr Leben. Gleichzeitig tauchen neue Eigenschaften in Ihnen auf, die gleichermaßen erblühen.

Umgekehrt: Diese Karte weist auf eine ausgeprägte negative Einstellung hin, die in Ihnen aufkeimt. Vielleicht sind Sie reizbar, überempfindlich oder ungehobelt zu den Menschen Ihrer Umgebung. Oder Sie fühlen sich einfach in der Gesellschaft anderer nicht wohl. Wenn das der Fall ist, müssen Sie die Gründe für Ihre Gefühle herausfinden und sich möglichst bald damit auseinander setzen. Wenn Sie Probleme mit einem Menschen oder einer bestimmten Situation haben, bringen Sie das zum Ausdruck. Nur so kann eine konstruktive Atmosphäre entstehen.

In der umgekehrten Position kann Sie die Birke auch warnen, dass Sie den Kontakt zur Natur verloren haben. Zu viel Metall, Beton und Hektik umgeben Sie, wo Sie im Moment doch frische Luft und Bäume brauchen, um sich wieder zu erden. Hier lautet der Rat, sich die Zeit zu nehmen, und seien es auch nur ein paar Stunden, um aufs Land zu fahren und sich wieder mit dem Geist der Natur zu verbinden. Sie werden feststellen, dass sich Ihre Laune daraufhin entscheidend verbessert.

Eibe

Geschlecht: weiblich
Planet: Venus
Element: Wasser

Magische Verbindung:
Auferstehung, Neubeginn

Brauchtum/Geschichte

Dieser Baum aus der Familie der Pinien war ein markantes Charakteristikum der Gärten des Altertums, das man gleich an seinem üppigen, samtartigen Blätterkleid erkannte. Einige dieser stattlichen Bäume erlangten eine Höhe von 30 Metern, und der Umfang ihrer Stämme betrug bis zu drei Metern.

Die Eibe ist der heilige Baum Indiens und wird in vielen Tempeln als Räucherwerk entzündet. Die Engländer und die amerikanischen Ureinwohner schätzten ihr Holz wegen dessen Spannkraft und verwendeten es vorzugsweise für ihre Langbögen. Die dunkle Version der Eibe gilt als Symbol für das Leben nach dem Tod und wird vor allem in Kirch- und Friedhöfen gern gepflanzt. Unter ihren Zweigen ist der bevorzugte Trauerplatz für unglücklich Verliebte.

Deutung

Aufrecht: Von erneuerten Visionen, Vertrauen und einer völlig neuen Lebensperspektive kündet das Auftauchen dieser Karte, insbesondere auf dem Ergebnisplatz. Wie ein Phönix werden Sie neu geboren, mit kreativen Ideen und voller Inspiration. Sie fühlen sich wie ein neuer Mensch. Diese wunderbare Perspektive konnte sich entwickeln, weil Sie etwas für sich getan haben. Vielleicht haben Sie mit einem Fitnessprogramm begonnen, nehmen gesunde Mahlzeiten zu sich, lernen Yoga oder Sufi-Tanz. Was Sie auch immer begonnen haben, machen Sie damit weiter! Jede Zelle Ihres Körpers wird dabei belebt.

Umgekehrt: In dieser Position prophezeit die Eibe, dass etwas, wonach Sie sich sehnen, nicht eintreffen wird. Möglicherweise wird eine Hochzeit abgesagt oder ein bedeutendes Projekt, das für Ihre Lebensplanung wichtig war, scheitert. In diesem Fall hat die Eibe zwei Botschaften. Zum einen könnte die Änderung vorübergehender Natur sein; nur lange genug, um sicherzustellen, dass Ihre Überlegungen und Einstellungen so sind, wie sie sein sollten. Hier ist ganz eindeutig eine Selbstprüfung gefragt. Sollte das Ende von Dauer sein, gibt es gute Gründe dafür. Es kann Zeit erfordern, das »Warum« zu erkennen. Sobald Ihnen das gelingt, werden Sie mit der Enttäuschung viel besser umgehen können.

Eiche

Geschlecht: männlich
Planet: Sonne
Element: Feuer

Magische Verbindung:
Schutz, Kraft, Stärke, Glück, Schutz vor
Krankheit (beim Mitführen eines Blattes)

Brauchtum/Geschichte

Die Griechen und die Römer widmeten diesen Baum aufgrund
seines langen Lebens und seiner beeindruckenden Äste ihren
Göttern Jupiter und Zeus. Zu den anderen Gottheiten, die mit
diesem Baum in Verbindung gebracht werden, gehören Pan,
Herne, Thor und Diana. Die griechischen Orakel tätigten ihre
Prophezeiungen häufig nach dem Rascheln von Eichenblättern. In Rom wurden Ehrengästen Kronen aus Eichenblättern
überreicht, und die Druiden haben ihren Namen von dem
alten keltischen Wort *deru*, was soviel wie Eiche bedeutet.

Aufgrund ihres hohen Gerbsäureanteils wirken die Eichen-
blätter adstringierend. Als Aufguss lindern sie Halsschmerzen
und können äußerlich auf geschwollene Drüsen aufgetragen
werden. Die Eicheln dieses Baumes lassen sich rösten und zu
Kaffee mahlen. Eichelkaffee war während des Ersten Weltkrie-
ges das Nationalgetränk in Deutschland, und er fördert sogar
die Verdauung.

Die Sägespäne von altem Eichenholz ergeben eine gute Basis
für magisches Räucherwerk.

Deutung

Aufrecht: Die Eiche verkörpert Gastfreundschaft. Es kommen Tage der Bewirtung, unerwarteter Gäste und des Feierns in enger Folge auf Sie zu. Ein wenig positives Karma kehrt über Freunde, Kameradschaft und Spaß zu Ihnen zurück. Obwohl Sie Gastgeber spielen müssen, ist es in Wirklichkeit sehr vergnüglich für Sie, Ihre Fülle gerade jetzt teilen zu können. Ihre Höflichkeit kommt bei denen, die bei Ihnen vorbeischauen, sehr gut an und wird in Zeiten der Not nicht vergessen werden.

Umgekehrt: Das Bedürfnis nach Privatsphäre, so stark, dass man es fast Winterschlaf nennen möchte, scheint zur Zeit sehr ausgeprägt zu sein. Etwas ist geschehen, was den Wunsch nach Rückzug oder Neuorientierung weckte. Doch wenn Sie sich in der Dunkelheit verstecken, werden Ihre Probleme dadurch nicht gelöst; sobald Sie ins Tageslicht treten, sind sie wieder da. Es ist richtig, eine kurze Auszeit zu nehmen, um Ihre Mitte wiederzufinden. Geben Sie der Versuchung, allein zu bleiben, nicht nach. Besinnen Sie sich auf Ihre Stärke, und stellen Sie sich dem Leben. Gestatten Sie Ihren Freunden, Ihnen je nach Bedarf emotionale Unterstützung zu geben.

Esche

Geschlecht: männlich
Planet: Sonne
Element: Feuer oder Wasser

Magische Verbindung:
Schutz, Wohlstand, Heilung

Brauchtum/Geschichte

Die Esche gehört zu den Bäumen, von denen die Germanen glaubten, es könnte sich um Yggdrasil handeln, den Weltenbaum, dessen Wurzeln die Erde formen und dessen Zweige in den Sternenhimmel reichen. Odin besaß einen Speer aus Eschenholz, und in vielen Ländern sieht man in der Esche ein Zaubermittel gegen das Ertrinken. Poseidon, Thor und Mars werden ebenfalls mit der Esche in Verbindung gebracht.

Zauberstäbe beziehungsweise Krummstäbe aus Eschenholz galten als hervorragendes Werkzeug für die Heilmagie, weil der Baum mit den Eigenschaften des Elements Wasser assoziiert wird, und in Gesundheitsfragen wird dieses Element bevorzugt.

Sie können Eschenholz als Teil eines Räucherwerks verbrennen, um finanzielle Stabilität zu erreichen oder um Odin zu ehren.

Deutung

Aufrecht: Etwas Erhabenes oder Großes ist in Ihr Leben getreten, und andere sehen Sie jetzt in einem neuen Licht. Zeit und ehrliche Anstrengung haben sich nicht nur für Sie selbst, sondern auch für die Menschen Ihres Umfelds ausgezahlt. Häufig hat diese Karte einen Bezug zu Ihrem Berufsleben und kann von einer Beförderung oder einem zusätzlichen Verantwortungsbereich künden. Auf einer persönlichen Ebene kann sie das Ende einer langen Krankheit oder Phase der Erschöpfung andeuten, was Ihnen eine neue Lebensperspektive schenkt. Wie auch immer, es ist ein aufregender Neuanfang, den Sie wirklich verdient haben.

Umgekehrt: Eine sanfte Warnung, nicht überheblich zu werden oder sich von anderen auf ein Podest heben zu lassen. Denken Sie daran: Je höher Sie aufsteigen, desto tiefer können Sie fallen und desto schmerzlicher wird dieser Abstieg. Sie haben zwar Respekt verdient, aber es kann nie schaden, wenn Sie sich daran erinnern, dass Sie auch nur mit Wasser kochen. Mit anderen Worten, entfernen Sie sich nicht so weit von Ihren Wurzeln, dass Sie die kleinen, besonderen Dinge vergessen, die das Leben lebenswert machen. Wenn Sie jetzt nicht Acht geben, könnten Sie als einsamer Mensch enden.

Espe

Geschlecht: männlich
Planet: Merkur
Element: Luft

Magische Verbindung:
Sprache, Schutz vor Diebstahl,
Weissagung, Prophezeiungen

Brauchtum/Geschichte

Die amerikanischen Ureinwohner linderten mit getrockneten Blättern der Espe, die auch Zitterpappel genannt wird, die Symptome von Erkältung, Grippe und Allergien. Die Blätter eignen sich aber auch gut als Räucherwerk, besonders jenes, das Ihnen helfen soll, klar und eindeutig zu kommunizieren. Sollten Sie sich dafür entscheiden, eine solche Räuchermischung herzustellen, rufen Sie die Göttin Inanna an, die über die Orakelkunst herrscht und Ihnen bei Ihrer Arbeit helfen kann.

Unsere Vorfahren glaubten, dass man eine überzeugende Rede halten könne, wenn man ein Espenblatt unter seine Zunge legt. In vielen Regionen der Vereinigten Staaten werden für Wünschelruten auch heute noch Espenzweige verwendet.

Deutung

Aufrecht: Der Baum der Empfindsamkeit will in Ihrem Leben sprießen. Wenn Sie diese Karte gezogen haben, weist das auf ein Bedürfnis hin, langsamer zu machen und in Ihren Entscheidungsprozess Weisheit einfließen zu lassen. Sie sollten Ihre

Geldmittel oder Ihre persönliche Energie jetzt nicht überstrapazieren, sondern sie vernünftig einsetzen. Wirtschaftlichkeit, Sparsamkeit und gesunder Menschenverstand sind jetzt gefragt, nicht die Neigung, in den Swimmingpool zu springen, ohne vorher nachzusehen, ob er überhaupt mit Wasser gefüllt ist. Es könnte sehr gut sein, dass ein Fehler aus der Vergangenheit Sie verfolgt und Sie in eine alte, überholte Dynamik zurückzieht. Jetzt ist die Gelegenheit, die Fesseln zu sprengen und ein neues Gleichgewicht zu finden.

Umgekehrt: Diese Karte weist auf eine drängende Angst und auf eine Neigung zu Extravaganz hin. Vielleicht versuchen Sie, mit Energie oder Geld sicherzustellen, dass eine neue Gruppe oder eine neue Situation Sie willkommen heißt. Mangelnde Selbstsicherheit spielt hier zweifellos eine Rolle. Prüfen Sie Ihre Handlungsweise sorgfältig, und suchen Sie nach Ihren Beweggründen. Sprechen Sie zu laut, reißen Sie zu viele Witze, geben Sie Geld aus, das Sie nicht haben, tragen Sie ungewöhnliche Kleidung? Nicht die Dinge definieren, wer Sie sind. Es ist an der Zeit, ehrlich zu sein und herauszufinden, was Ihnen wirklich Kummer bereitet, und dieses Problem dann mutig anzugehen.

Haselnuss

Geschlecht: männlich
Planet: Sonne
Element: Luft

Magische Verbindung:
Glück, Weissagung, Schutz vor Stürmen,
Wunscherfüllung, Fruchtbarkeit (Nuss)

Brauchtum/Geschichte

Die Haselnuss taucht im neunten Monat des keltischen Baum-
kalenders auf. Ihre Zweige sind bekannt dafür, dass sie sich besonders gut für Wünschelruten eignen. Man vermutet sogar,
dass auch der Stab von Moses aus Haselnussholz bestand. Die
keltischen Priester besaßen ebenfalls Haselnusskrummstäbe,
die als Zeichen spiritueller Führung galten. Gottheiten, die mit
der Haselnuss in Verbindung gebracht werden, sind Artemis,
Thor und Diana.

Amulette aus Haselnuss sollen dem Träger Weisheit und
produktive Ideen schenken und sind ein passender Zauber für
Männer, die ihre Fruchtbarkeit erhöhen wollen.

Deutung

Aufrecht: Die Versöhnung mit einer Person oder einer bestimmten Situation steht unmittelbar bevor. Während die Wolken
ziemlich lange bedrohlich tief hingen, werden neue Informationen den Betreffenden jetzt erlauben, ihre harten Worte oder
Urteile zu überdenken. Sie fühlen sich irgendwie als Opfer
einer Verfolgungskampagne, aber eine Entschuldigung ist ein-

deutig in Sicht, Sie müssen nur noch etwas Geduld haben. Wenn diese Entschuldigung kommt, bemühen Sie sich, sie mit Würde anzunehmen. Lassen Sie die Vergebung zur heilenden Kraft werden, die schlimme Umstände in etwas Gutes verwandelt. Das ist wirklich machtvolle Magie!

Umgekehrt: Eine schwierige Situation wird noch komplizierter. Diese Karte erweckt das Bild einer »Fettnäpfchen-Krankheit«: Gleichgültig, was Sie sagen oder tun, alles scheint missverstanden zu werden, und die Emotionen schlagen hoch. Der Rat dieser Karte lautet, zu wissen, wann Sie etwas Sinnvolles zu sagen haben, und wann Sie den Mund halten sollten. Manchmal finden wir in der Stille unsere besten Antworten … Möglicherweise haben Sie auch einfach nicht auf Ihren besten Ratgeber gehört: Ihr eigenes Herz.

Heidekraut

Geschlecht: weiblich
Planet: Venus
Element: Wasser

Magische Verbindung:
Schutz, Regenzauber, langes Leben,
Schönheit, Glück

Brauchtum/Geschichte

»Aus den lieblichen Blüten des Heidekrauts brauten sie einen
Trunk aus längst vergangener Zeit«, wie Robert Louis Steven-
son es so schön formulierte. Im 16. Jahrhundert war das Heidekraut die Lieblingspflanze der Pikten für die Bier- und Honig-
herstellung.

In der Legende heißt es, dass man einmal im Jahr im Lichte
des Vollmonds in Heidekrautwasser baden sollte, wenn man
schön sein wolle. Eine etwas praktischere Anwendung dieses
überlieferten Wissens wäre, sich Heidekrautseife für die Du-
sche zu machen. Dafür müssen Sie eine dreiviertel Tasse Lauge
mit zwei Tassen Wasser mischen. Seien Sie vorsichtig mit dieser Mischung, denn es kann sich Rauch bilden, und sie kann
auch sehr heiß werden. Lassen Sie die Mischung abkühlen, bis
Sie den Behälter problemlos anfassen können. Jetzt langsam
sechs Tassen warmes Pflanzenöl in das Laugenwasser geben.
Die Mischung färbt sich milchweiß und dickt etwas ein. Sobald sich die Lauge und das Öl gut vermengt haben, können
Sie eine Tasse getrocknete, zermahlene Heidekrautblüten hinzufügen. Wenn Sie die Seife für rituelle Bäder bereiten, ist das
die beste Zeit, um einen magischen Gesang anzustimmen.

Gießen Sie die Mischung in eine Holzschachtel, die in Wasser eingetaucht wurde und mit feuchten Leinentüchern ausgelegt ist. Auf die Oberfläche des Stoffes spritzen Sie etwas Heidekrautöl, damit es besser duftet, dann decken Sie die Schachtel mit einem schweren Stoff zu und lassen das Ganze 24 Stunden ungestört auskühlen. Am nächsten Tag können Sie die Seife aus der Form nehmen und in Vierecke schneiden, die mindestens drei Wochen lang ruhen sollten, bevor man sie benutzt. Je länger die Seife reift, desto besser wird sie schäumen.

Dieses Rezept kann nach gewünschtem Duft abgeändert werden, indem man einfach andere Blüten, Fruchtschalen und Öle verwendet.

Deutung

Aufrecht: Wenn Sie die Heidekrautkarte ziehen, symbolisiert das Ihr Bedürfnis nach Frieden und Ruhe. Sie sind seit geraumer Zeit von Menschen, Geschäftigkeit und/oder großem Druck umgeben und müssen wirklich einmal weg, sei es auch nur symbolisch. Ein langer Spaziergang im Wald, eine Ruhepause an einem verlassenen Strand, ein Wochenende in einem Hotel, eine Nacht zu Hause, in der Sie das Telefon ausstecken, oder eine lange Reise würde Ihnen im Augenblick wirklich gut tun. Verbinden Sie sich wieder mit der Natur und der Einfachheit, die sie bietet, um in all dem Chaos einen Augenblick der Harmonie zu finden.

Umgekehrt: Das Heidekraut warnt vor zu viel Einsamkeit. Jeder braucht seine Privatsphäre, aber es ist nicht gesund, zu viel allein zu sein. Obwohl Sie von Natur aus einsiedlerisch veranlagt sein mögen, müssen Sie bisweilen Ihre Abgeschiedenheit verlassen und Kontakte knüpfen, um zu wachsen und neue Energie zu tanken. Kein Mensch ist eine Insel, haben Sie also keine Angst, anderen die Hand zu reichen. Wahrscheinlich wartet schon eine Hand darauf, die Ihre zu ergreifen.

Holunder

Geschlecht: weiblich
Planet: Venus
Element: Wasser

Magische Verbindung:
Schutz, Symbolmagie (insbesondere
der Heilung), Schlaf

Brauchtum/Geschichte

Judas hängte sich angeblich an einem Holunder auf. Die weißen
Blüten dieses Baumes sind der Göttin heilig, darum eignen sie
sich herrlich für rituelle Waschungen, für Segnungen und den
Schutz eines Hauses. In Frankreich werden Äpfel in Holunderblüten gelagert, weil man glaubt, das wirke sich positiv auf den
Geschmack und die Langlebigkeit der Früchte aus. Interessanterweise lässt sich Sonnenbrand sehr gut mit Holunderblütenwasser behandeln. Die Blätter des Holunders werden oft zu
Salben gegen Blutergüsse und Juckreiz verarbeitet.

Für einen Hautreinigungsessig geben Sie einen Teil Blüten in
zwölf Teile warmen Essig und lassen sie zwei Wochen einweichen. Abseihen und nach Wunsch verwenden. Für das traditionelle Holunderblütenwasser benötigen Sie zwei Liter Quellwasser und zwei Kilo Holunderblüten. Über niedriger Flamme zum
Kochen bringen. Fügen Sie der Mischung eineinhalb Liter Rum
oder Weingeist hinzu, abkühlen lassen und abseihen. Das Holunderblütenwasser wirkt unter anderem auch gegen Zahnschmerzen. Für eine Holunderblütencreme, die die Haut weich
macht, nehmen Sie 60 Gramm Mandelöl, 15 Gramm Wachs,
30 Gramm Lanolin oder Kakaobutter und 90 Gramm Holun-

derblütenwasser. Alles aufwärmen, bis es sich gut gemischt hat. Leicht schlagen, während es abkühlt, bis es eine cremige Konsistenz annimmt. In einem luftdichten Behälter aufbewahren und nach Bedarf verwenden.

Deutung

Aufrecht: Wenn Sie Holunderblätter den Winden übergeben und dabei einen Namen flüstern, dann wird dieser Mensch gesegnet. In diesem Fall kam der Segen zu Ihnen. Der Holunder in voller Blüte ist ein Hinweis auf kommunikative Fähigkeiten, die in Ihnen heranwachsen. Sie entdecken vielleicht, dass Sie die Lage, in der sich ein anderer befindet, auf einmal verstehen, dass Ihre Beziehungen klarer werden und Sie besser kommunizieren können. Fahren Sie fort, diese neuen Geschenke zu verfeinern, während diese sich Ihnen zeigen.

Wann immer diese Karte in aufrechter Position in Ihrem Blatt auftaucht, kann sie darüber hinaus auf eine Wohltätigkeit hinweisen, an der Sie beteiligt sind, entweder als freiwilliger Helfer oder aktiv als Mitorganisator. Diese »gute Sache« ist für Sie eine Herzensangelegenheit, und die Mitarbeit an diesem Projekt wird Ihnen große Befriedigung geben, denn Sie können zusehen, wie durch Ihre eigenen Hände Nächstenliebe praktiziert wird.

Umgekehrt: In dieser Position verweist die Karte auf einen Mangel an Mitgefühl und Wohlwollen in Ihnen, für gewöhnlich gegenüber einer bestimmten Person oder Situation. Versuchen Sie, Ihre Wut lange genug zu verdrängen, um Ihren Beweggründen auf die Spur zu kommen. Ihr Urteil fiel möglicherweise zu hart aus und basierte auf Gerüchten, nicht auf Tatsachen. Stellen Sie sicher, dass Sie die richtigen Informationen haben, und versuchen Sie, anderen zu vergeben. Das wird nicht nur die Situation heilen, sondern auch Ihr eigenes Herz.

Kastanie

Geschlecht: männlich
Planet: Jupiter
Element: Feuer (Baum),
Luft (Frucht)

Magische Verbindung:
Liebe und Bewusstsein

Brauchtum/Geschichte

In Europa wurden den Ahnen an Samhain oder Halloween bisweilen Kastanien geopfert. Die Kastanie wird traditionell zu diesen Festtagen geröstet und verkörpert die Hoffnung, dass der Frühling kommen wird. In der frühen Geschichte der Vereinigten Staaten wurde Kastanienholz oft für Telefon- und Telegraphenmasten verwendet, aber auch für Eisenbahnschwellen. In pulverisierter Form können die Früchte durchaus einen wirksamen Stärkeersatz abgeben.

Deutung

Aufrecht: Der Kastanienbaum in voller Blüte symbolisiert einen wohltuenden Luxus, der sich bald in Ihrem Leben zeigt. Wie ein Geschenk des Himmels überreicht Ihnen jemand völlig grundlos ein fast dekadentes Präsent, Sie gewinnen bei einer Tombola, finden einen großen Geldschein auf der Straße oder Sie erleben einen anderen Glücksfall, gerade in dem Moment, in dem Sie es am meisten brauchen.

Umgekehrt: Diese Karte warnt davor, »Dingen« nicht zu viel Zeit und Aufmerksamkeit zu schenken. Obwohl diese Meinung sehr verbreitet ist, gewinnt nicht immer derjenige, der den größten materiellen Besitz hat, zumindest nicht in spiritueller Hinsicht. Es könnte sein, dass Sie zu viel Zeit und Energie darauf konzentriert haben, Geld zu verdienen oder zu arbeiten, und andere Dinge, wie Ihre Familie, Meditation, angemessene Ruhepausen und so weiter vernachlässigt haben. Die Kastanie rät, sich selbst daran zu erinnern, was wahrhaft wertvoll und dauerhaft ist: Liebe.

Mandel

Geschlecht: männlich
Planet: Merkur
Element: Luft

Magische Verbindung:
Geld, Heilung, Schutz

Brauchtum/Geschichte

Früher glaubte man, der Trunkenheit vorbeugen zu können, wenn man Mandeln aß. Mit Hilfe von Mandeln meinte man, sich auch vor dem bösen Blick schützen zu können. Es gab eine Zeit, in der manch einer einen blühenden Mandelbaum hinaufkletterte, um sich den Erfolg in einer geschäftlichen Angelegenheit zu sichern. Zauberstäbe werden heute noch oft aus Mandelzweigen gefertigt. Die Mandel wird mit dem Element Luft assoziiert, und wenn Sie eine Mandel in Ihrer Jackentasche tragen, dürfen Sie davon ausgehen, dass Sie eine Überraschung erleben!

Für eine Creme, die hervorragend für die Haut geeignet ist und in der Magie mit Heilung und Wohlstand in Verbindung gebracht wird, mischen Sie eine halbe Tasse Mandelöl, zehn Zentimeter einer 20 Zentimeter langen schmalen weißen Kerze, zwei Teelöffel Rosenwasser und eine Mandelblüte (so verfügbar). Die Mischung aufwärmen, bis das Wachs völlig geschmolzen ist. Anschließend die Blüte entfernen. Rühren, bis die Flüssigkeit die Konsistenz einer Gesichtscreme hat, dann in einem luftdichten Behälter aufbewahren. Nach Wunsch verwenden.

Deutung

Aufrecht: Die Mandel ist der Baum der Hoffnung, der Wachsamkeit und der Hast. Wenn Sie die Mandel in aufrechter Position gezogen haben, ist das ein Zeichen, dass bessere Zeiten bevorstehen. Doch ist Vorsicht geboten, damit Sie nicht Dinge sehen oder deuten, die nicht existieren.

Wenn Sie das erste Licht nach den Wolken sehen, warten Sie einen Augenblick, um sicherzugehen, dass sich der Regen wirklich verzogen hat, bevor Sie eine Entscheidung treffen. Halten Sie Ausschau nach Ihrem Schiff, aber springen Sie nicht gleich auf jedes Deck. Vergewissern Sie sich zuerst, dass das Schiff sicher und das Richtige für Sie ist. Die volle Blüte dieser Karte kann auch darauf hindeuten, dass Sie aus einer Vielzahl gleichermaßen verlockender Angebote wählen müssen – tun Sie das mit Bedacht.

Umgekehrt: In dieser Position spricht die Mandel von einer dunklen Phase in Ihrem Leben. Sie haben das Gefühl, es bestehe keine Hoffnung mehr, und sind nicht in der Lage, an Ihrer Situation irgendetwas Positives zu erkennen; es ist fast so, als würde alles stagnieren. Versuchen Sie jedoch, nicht zu verzweifeln. Auch reicher Mutterboden muss regelmäßig brachliegen, um in der nächsten Saison noch größere Ernten zu bescheren. Diese Durststrecke ist nur eine vorübergehende Phase; höchstwahrscheinlich dauert sie nicht länger als vier Monate oder eine Umdrehung des Schicksalsrades. Seien Sie geduldig, und nützen Sie diese Zeit konstruktiv, um sich mit den Schatten in Ihrem Inneren zu beschäftigen.

Myrte

Geschlecht: weiblich
Planet: Merkur/Venus
Element: Wasser

Magische Verbindung:
Frieden, Wohlstand, Jugendlichkeit,
Führung, verbesserte Beziehungen

Brauchtum/Geschichte

Die Myrte wurde von Venus erschaffen und der Aphrodite geopfert. Seitdem ist die Myrte eine beliebte Pflanze für Brautsträuße und Hochzeitsdekorationen. Im alten Athen war sie
das Symbol für den Magistrat und so beliebt, dass ein Viertel
des Marktes den Myrte-Girlanden vorbehalten war. Die Myrte
kann auch in der Magie verwendet werden, wenn es um gute
Führungsentscheidungen geht.

Deutung

Aufrecht: Das Auftauchen der aufrechten Myrte in einem Blatt
kündet von der Hingabe an eine Sache oder einen Menschen,
durch die Sie sich Respekt verschaffen. Ihre Begeisterung und
Ihr großer Eifer wirken bald schon ansteckend, also geben Sie
nicht auf. Selbst Menschen, die an Ihrem »Projekt« oder Ihrer
Vorgehensweise ursprünglich herummäkelten, werden Sie plötzlich unterstützen und klopfen Ihnen verdientermaßen auf die
Schulter. Die Anerkennung, die aus dieser Situation erwächst,
ist zwar nur vorübergehend, aber sie bleibt Ihnen immer im Gedächtnis und ist es sicher wert, dass man sich an sie erinnert.

Umgekehrt: Die Myrte kann Sie darauf hinweisen, dass Sie einem Hirngespinst hinterherjagen oder sich Ziele gesetzt haben, die unter den gegenwärtigen Umständen unerreichbar sind. Trotz der Warnungen von erfahreneren Menschen in Ihrem Umfeld scheinen Sie fest entschlossen, diesem Kurs zu folgen. Unbeirrbarkeit und Entschlossenheit können zwar gute Eigenschaften sein, Dickköpfigkeit dagegen nicht. Höchstwahrscheinlich zögern Sie, Ihren Fehler zuzugeben, weil Sie dann Ihr Gesicht verlieren würden oder es an Ihrem Stolz kratzen würde. Doch wenn Sie Ihre Vorgehensweise jetzt nicht überdenken, wird das Ergebnis dieser Situation noch viel peinlicher sein. Denken Sie daran: Wir können aus unseren Fehlern lernen, und ein wenig Bescheidenheit hat noch niemand umgebracht.

Pappel

Geschlecht: weiblich
Planet: Saturn
Element: Wasser

Magische Verbindung:
Gehobene Stimmung,
finanzielle Angelegenheiten

Brauchtum/Geschichte

In früheren Zeiten wurde die Rinde der Pappel häufig als Chinin-Ersatz bei der Behandlung von Fieber verwendet. Die Tinktur wirkt wie Aspirin. Heutzutage gibt man Pappelknospen in bestimmte Kosmetika, damit sie nicht ranzig werden, ebenso in Cremes, mit denen man Brandwunden versorgt.

Deutung

Aufrecht: Die Pappel ist ein Warnsignal, das Sie auf das Verstreichen der Zeit aufmerksam machen will. Sie kann auf das bevorstehende Alter hinweisen, auf das Ende einer Initiationsphase oder einen anderen bedeutenden Übergang im Leben. Diese Karte kündet für gewöhnlich davon, dass sich ein Zyklus seinem Ende zuneigt. Bei einem Schüler heißt das Abschlussprüfung und Studium oder Arbeit, bei einem Elternteil könnte ein Kind zum ersten Mal das Heim verlassen.

Diese Veränderungen sind sowohl aufregend als auch beängstigend. Sie müssen sich einfach freuen, wenn Sie das Heranreifen des Neuen erleben, doch die Vergangenheit loszulassen ist nicht immer einfach. Jetzt wäre ein guter Zeitpunkt, um das

Fundament zu prüfen, das Sie errichtet haben. Sorgen Sie dafür, dass es auch den kommenden Stürmen trotzen kann. Wenn Sie sich diesbezüglich vergewissert haben, können Sie Ihre Zukunft gelassen angehen.

Umgekehrt: In umgekehrter Position kündet die Pappel nicht vom Ende einer langen Straße, sondern vom Anfang. Eine Schwangerschaft könnte unerwartet eintreten, ein spiritueller Lehrer, der Sie in völlig unbekannte Gebiete einführt, taucht plötzlich auf, oder Sie bekommen eine neue, wenn auch unsichere Arbeitsstelle.

Ähnlich wie bei der Karte mit der Pappel in aufrechter Position kann ein Anfang emotional verwirrend sein. Gerade als die Situation stabiler zu werden scheint, bringen diese unvorhersehbaren Ereignisse Ihre ausgefeilten Pläne durcheinander. Der Rat dieser Karte lautet, die Unordnung zu beseitigen und mit der veränderten Situation im Hinterkopf neu zu planen. Das ist eine gute Gelegenheit, organisatorische Fähigkeiten und Flexibilität zu erlernen. Schwimmen Sie im Strom des Augenblicks, anstatt einfach fortgerissen zu werden.

Pinie

Geschlecht: männlich
Planet: Mars
Element: Luft

Magische Verbindung:
Läuterung, Reinigung, Freude, Heilung,
langes Leben, Produktivität

Brauchtum/Geschichte

Wenn Sie in einem Pinienwald einen Spaziergang machen, können Sie gar nicht anders, als sich erfrischt zu fühlen. In der Antike wurden die Nadeln dieses Baumes häufig auf dem Fußboden verstreut, um negative Einflüsse zu entfernen. Das Holz wurde außerdem als Grundstoff für Räucherwerk und als Baumaterial geschätzt.

Heute ist die Pinie Bestandteil unzähliger Medikamente, sie tötet Keime in den Bronchien und eignet sich für Inhalationen bei Kopfgrippe und Stirnhöhlenkatarrh. Bei letzterem müssen Sie nur etwas frische Pinie in eine Schüssel mit dampfendem Wasser geben und inhalieren, wie Sie es auch bei einem Inhalationsgerät tun würden.

Deutung

Aufrecht: Die Blüte dieser immergrünen Pflanze ist gleichzeitig ihr Same: ein einfacher Zapfen. Doch in dieser Einfachheit liegt großes Potential verborgen. Die aufrechte Gestalt des Pinienzapfens will Ihnen sagen, dass Sie Ihr Selbstwertgefühl aufbauen sollten. Hören Sie auf, sich so intensiv auf das Negative zu konzentrieren, dass es all das Gute behindert, das Sie tun können. Wir neigen dazu, selbst unsere schlimmsten Kritiker zu sein. Manchmal ist das ganz hilfreich, aber es sollte konstruktive Kritik sein, die innerlich aufbaut und die Seele stärkt.

Ein Baum, der im Winter grün bleibt, ist ein Symbol der Vitalität. So gesehen könnte eine Winterzeit für die Menschen in Ihrer Umgebung anbrechen. Sie scheinen in Ihnen Hoffnung zu suchen, und ein frischer Quell der Energie ist Ihnen garantiert, um den Wunsch dieser Menschen zu erfüllen. Hier handelt es sich um eine Gelegenheit, Ihren eigenen Wert zu bestätigen, indem Sie anderen helfen.

Umgekehrt: In dieser Position warnt diese Karte davor, sich fälschlicherweise »aufzublasen«, für gewöhnlich im Hinblick auf eine bestimmte Leistung. Bevor Sie sich selbst auf die Schulter klopfen, prüfen Sie lieber nochmals, wer Ihnen zu Ihrem Erfolg verholfen hat, dann danken Sie, wo Dank angebracht ist. Sie werden feststellen, dass Sie auf diese Weise langfristig mehr Respekt gewinnen, und Ihre Leistung wird dadurch keinesfalls geschmälert.

Die umgekehrte Pinie kann auch dazu raten, sich im Moment besonders um Ihr körperliches Wohlbefinden zu kümmern. Ihre persönliche Energie könnte schwinden, darum achten Sie darauf, was Sie essen, gönnen Sie sich ausgedehnte Ruhezeiten, und überanstrengen Sie sich nicht bei Aufgaben, die nicht sofort erledigt werden müssen.

Wacholder

Geschlecht: männlich
Planet: Sonne
Element: Feuer

Magische Verbindung:
Rettung, Liebe, Gesundheit, Sicherheit

Brauchtum/Geschichte

Wacholder wird wohl am häufigsten für die Herstellung von Gin verwendet, dessen Name sich im 18. Jahrhundert aus dem holländischen Wort für Wacholder, *Jenever*, entwickelte. Die Blätter und Beeren ergeben einen guten Breiumschlag, der Schmerzen aller Art, Blutergüsse und kleinere Verletzungen lindert.

Der Wacholder hat gelbe und grüne Blüten, aber diese werden nicht so häufig verwendet wie die Beeren, die man sparsam in Salate oder eine Marinade für Wildgerichte geben kann. Wenn Sie Ihrem Grillfleisch ein leichtes Räucheraroma verleihen wollen, legen Sie einfach einige Wacholderzweige auf die Kohlen.

Deutung

Aufrecht: Die Zweige des Wacholders künden von Schutz und Zuflucht. Inmitten eines Sturms, sei er emotional oder spirituell, wird etwas geschehen, was die Wolkendecke vorübergehend aufbrechen lässt. Höchstwahrscheinlich wird ein Freund oder Gefährte einen Weg finden, Ihre Schwierigkeiten kurzfristig zu lindern, und Ihnen die dringend nötige Gelegenheit geben, die ganze Situation unter etwas weniger Druck neu einzuschätzen. Nützen Sie diese Zeit weise, indem Sie zum Beispiel Ihre Prioritäten überdenken und neue setzen und Ihr Budget anpassen, damit Sie diese Situation mit klarem Kopf und leichtem Herzen in den Griff bekommen können.

Umgekehrt: In dieser Position kann diese Karte zwei ganz ausgeprägte Bedeutungen haben, je nachdem, welche anderen Karten sich im Blatt befinden. Erstens kann sie von einer Phase künden, in der Sie sich Kritik und Vorwürfen Ihrer Familie oder anderer nahe stehender Menschen schutzlos ausgeliefert fühlen. Dieses Problem ist nicht unbedingt Ihr Verschulden, also fürchten Sie sich nicht, für Ihre Entscheidungen einzustehen, wenn Sie von ihnen wirklich überzeugt sind.

Zweitens kann diese Karte vom Ende einer Zeit der Verwirrung oder der Peinlichkeiten künden. Wie ein leiser Seufzer der Erleichterung ist ein neuer Wind aufgekommen, und es zeichnet sich schon bald ein Aufschwung ab.

Weide

Geschlecht: weiblich
Planet: Mond
Element: Wasser

Magische Verbindung:
Schutz, Heilung, Liebe, Tod,
Mondmagie

Brauchtum/Geschichte

Die Weide wird mit Hera, Hekate und Ceres assoziiert und symbolisiert einen Aspekt der Göttin: den der alten Frau. Seit Hunderten von Jahren wird sie mit der Magie in Zusammenhang gebracht, weil ihre biegsamen Zweige daran erinnern, worum es bei der wahren Magie geht: um die Lenkung der Energie. Die Weide ist das bevorzugte Holz für Hexenbesen.

Talismane gegen Fieber wurden in alter Zeit aus Weidenzweigen hergestellt, und Dioskurides sowie auch viele Naturvölker empfehlen Weidenrinde für die Schmerzbehandlung.

In Amerika wurde die Weide von anglikanischen Missionaren eingeführt, die sich der schmerzlindernden Eigenschaften der Rinde sehr wohl bewusst waren. Für einen Aufguss kochen Sie 30 Minuten lang einen Teelöffel der Rinde auf eineinhalb Liter Wasser. Die Tinktur wirkt auf der Haut adstringierend.

Deutung

Aufrecht: Die Weide wird für gewöhnlich als Baum der Trauer bezeichnet. Wenn diese Karte in Ihrem Blatt auftaucht, kündet sie von Sorgen oder dramatischen Veränderungen, die zu emotionalem Aufruhr führen. Jetzt ist eine gute Zeit, ausstehende Gefälligkeiten einzufordern und sich an mitfühlende Freunde zu wenden. Sie können nicht ständig der sprichwörtliche ruhige Hafen im Sturm sein. Verlassen Sie sich auf jene, denen Sie vertrauen und die Sie lieben, damit sie Ihnen die nötige Kraft geben, um die vor Ihnen liegenden Tage durchzustehen. Die Zeit wird diese Wunden heilen, ebenso ein wenig Zuwendung und Zärtlichkeit von jenen, denen Sie in der Vergangenheit so oft beigestanden haben. Lassen Sie sich nicht durch Ihre Dickköpfigkeit davon abhalten, die Hilfe in Anspruch zu nehmen, die Sie jetzt brauchen.

Umgekehrt: Eine Zeit der Trauer ist vorüber, und zu Ihrer großen Erleichterung bricht die Wolkendecke auf. Sie haben das Gefühl, aus einem langen Schlaf erwacht zu sein und endlich wieder eine Perspektive für Ihr Leben zu haben. So abgedroschen es auch klingen mag, während solcher Stürme finden wir oft zu unserer größten Kraft und wachsen als Menschen. Holen Sie tief Luft, und seien Sie dankbar für das, was Sie durchlebt haben, und für das, was noch kommen wird.

Weißdorn

Geschlecht: männlich
Planet: Mars
Element: Feuer

Magische Verbindung:
Fruchtbarkeit, Freude

Brauchtum/Geschichte

Zur Zeit der Griechen und Römer wurde diese Pflanze oft zur Dekoration bei Hochzeitsfeiern verwendet und schmückte Babykrippen als Symbol der Hoffnung für die Zukunft.

In den letzten Jahren sind die Wissenschaftler zu der Überzeugung gelangt, dass die Blütenblätter blutdrucksenkende Eigenschaften haben. Die Beeren und Blüten können auch als Tinktur zum Gurgeln verwendet werden. Insbesondere die Blüten eignen sich gut für Kompott, Sirup und Gelee. Für einen Weißdornlikör gießen Sie Brandy über zwei Tassen der Blüten und eine viertel Tasse Zucker. Setzen lassen, bis die Blüten durchscheinend werden (ein bis zwei Tage), dann abseihen und in eine Flasche füllen.

Im Reich der Magie schmückt man mit Weißdorn Maibäume oder trägt ihn als Glücksbringer in Beuteln. Außerdem ist der Weißdorn fester Bestandteil des magischen Gartens und soll Feen anlocken.

Deutung

Aufrecht: Die Sprache der Blumen, die eine lange Tradition hat, bringt den Weißdorn mit Hoffnung und Hochzeit in Verbindung. Im Rahmen eines Orakels assoziiert man ihn besser mit Ehrgeiz, Wünschen und Vereinigung. Die Vereinigung kann emotionaler Natur sein oder auch nicht. Es könnte sich auch um eine neue Übereinstimmung von Theorie und Praxis handeln, um Einigkeit in Ihrem Ortsverein oder auch nur um bessere Beziehungen im Büro. Wie auch immer, die Harmonie hat direkt mit einem Wunsch zu tun, den Sie schon lange im Herzen tragen. Ihr Warten wird sich auszahlen.

Umgekehrt: Der Weißdorn rät, nicht zu viel Zeit und Hoffnung auf bestimmte Dinge zu verschwenden, insbesondere auf Beziehungen. Wenn Sie völlig in Ihren Tagträumen von einem »perfekten Partner« oder einer »perfekten Partnerin« aufgehen, verpassen Sie oft eine sich bietende Gelegenheit. Das gilt auch für andere Dinge. Der Weißdorn warnt uns, keine ehrgeizigen Ziele zu verfolgen, die zu hochfliegend sind und keinen Bezug zur Realität haben. Es ist gut, nach dem Lorbeerkranz zu streben, solange Sie ein festes Fundament haben, auf dem er ruhen kann.

Alternative Bäume

Die nachfolgend genannten Bäume werden in einigen Büchern zum Thema Pflanzensymbolik aufgeführt, in anderen nicht. Da sich viele von ihnen für Ihre magische Arbeit als nützlich erweisen könnten, insbesondere für einen Zauber oder als Bestandteil eines Räucherwerks, aber auch als Alternative in Ihrem Orakel, möchte ich Sie zusätzlich noch auf die folgenden Bäume hinweisen.

Ahorn: Gleichgewicht, Erdung der magischen Energie, Ehrgeiz.

Eberesche: Sinne, Unterscheidungsvermögen, Sicherheit, Vertrautheit gewinnen, Energie der Göttin, Muse, Vision, elementare Führung.

Feige: Erleuchtung, Erwecken der intuitiven und femininen Anteile, Freisetzen von Blockaden, Stärkung der kreativen Kräfte im Inneren.

Hartriegel: Begegnungen und Kommunikation, Wünsche.

Mammutbaum (Eibenadliger): Verstreichen der Zeit, Unveränderlichkeit, Aussichten, Erfindungsreichtum, Gelassenheit.

Sandelbaum: Meditation, Weissagung, Selbstvertrauen in Bezug auf den spirituellen Weg und spirituelle Lehren.

Ulme: Fähigkeit, Schwäche zu überwinden und sie in Stärken zu verwandeln.

Zeder: Innere Potentiale, Läuterung und Reinigung, Arbeit mit der Aura, Ganzheit von Körper oder Geist.

Wo *Sie diese Bäume finden*

❧ Wenn Sie sagen, dass Sie an einem »botanischen« Projekt arbeiten, werden Ihnen Baumschulen und Gewächshäuser häufig erlauben, ein Blatt oder ein anderes kleines Teil eines Baumes mitzunehmen, das Sie benötigen. Häufig gibt es dort auch Prospekte mit Bildern, die Sie verwenden können.

❧ In Ihren örtlichen Grünanlagen wachsen ganz gewiss eine Vielzahl von Bäumen. Um sie zu identifizieren, können Sie ein Buch über Bäume und Sträucher erwerben. Einige Bücher über Vogelbeobachtung führen diese Informationen ebenfalls auf.

❧ Naturzeitschriften wie »GEO« oder »Terra« haben oft herrliche Fotos, die Sie kopieren oder ausschneiden können.

❧ Wenn Sie Glück haben und auf dem Land leben oder zumindest dorthin fahren können, machen Sie einen Spaziergang in der Natur und schauen, welche Überraschungen dort auf Sie warten.

❧ Schauen Sie bei Ihrem örtlichen Gartenbedarfsgeschäft vorbei. Diese Läden haben besondere Aufkleber, um Bäume zu kennzeichnen, und werden Ihnen gern einen davon überlassen, wenn Sie höflich anfragen. Diese Aufkleber sind häufig auch mit einer Abbildung versehen.

❧

Alternative Symbole
für Ihr Orakel

Doch bald schon in dem hoch erhabenen Spiegel,
erstrahlte hell ein Licht aus sich heraus.

Sir Walter Scott

Ein gewissenhafter Prophet oder Weissager steht mit Energien in Verbindung, zu denen andere Menschen in der Regel keinen Zugang haben. Einige glauben, diese Fähigkeit sei im Zusammenhang mit der sogenannten Prädestination – der Vorstellung, dass alles im Leben vorherbestimmt ist – zu sehen. Andere behaupten, dass manche Menschen eine Gabe haben, die wie ein Seismograph auf die stets veränderlichen Ereignisströme, die zur Zukunft führen, reagiert. Doch ungeachtet, welche Theorie zutreffen mag, ist es eine Tatsache, dass in der ganzen Welt zahlreiche und sehr unterschiedliche Weissagungspraktiken existieren. Dies belegt auch die Geschichtsschreibung.

Im Anhang (siehe Seite 259) finden Sie eine kurze Auflistung einiger dieser Methoden zusammen mit ihrem »wissenschaftlichen« Namen. Neben den genannten gab es auch interessante Formen, die sich unter anderem Federn, Butterlampen, Knochen und Muscheln bedienten! Daraus lässt sich schließen, dass jede Kultur mitsamt ihren diversen Strömungen irgendwie einen Weg gefunden hat, ein wirksames Weissagungssystem zu schaffen, das ihre Gesellschaft, ihre Heimat, ihre Mythen und ihre religiösen Lehren widerspiegelte.

Aufgrund der höchst individuellen Natur der Seele können wir davon ausgehen, dass jeder Mensch – entsprechend seinen Neigungen – ein etwas anderes System bevorzugt. Darum wäre es naiv von mir anzunehmen, dass das viktorianische Orakel den persönlichen Bedürfnissen oder der individuellen Weltanschauung aller Leserinnen und Leser dieses Buches entspricht. Ich berücksichtige das und schlage Ihnen daher im folgenden auch einige alternative Möglichkeiten vor, die Sie nicht nur für sich selbst, sondern vielleicht auch als Geschenk für Ihre Freunde ausprobieren können. Diese Alternativen können zusätzlich zum Blumenorakel eingesetzt werden, gänzlich ohne Blumen oder in einer frei gewählten Kombination.

Grundmaterialien

Wir haben bereits über den Einsatz von Holzscheiben, Strandsteinen und Kunstpapier beziehungsweise Pappkarton als Grundlage für Ihre Weissagungsmittel gesprochen, aber es gibt noch zahlreiche andere Möglichkeiten. Einfache Weissagungsmittel sind beispielsweise Sand, Mehl, Babypuder, trockene Erde oder Reis. Diese Substanzen werden auf eine angefeuchtete Oberfläche geworfen, woraufhin man die dabei entstehenden Muster deutet. Konzentrieren Sie sich auf Ihre Frage, bestäuben Sie die Unterlage mit dem von Ihnen gewählten »Hilfsmittel« und studieren Sie das Ergebnis. Die Interpretation kann auf Ihrer eigenen Intuition basieren oder auf den Deutungsvorschlägen, die in den in diesem Kapitel aufgeführten Listen genannt werden.

Es gibt viele andere Gegenstände und Materialien, die eine etwas präzisere Technik ermöglichen und als Basis für Ihr

Orakel fungieren können. Dazu gehören Ton, Kristalle, Stöcke
von gleicher Länge (insbesondere die Wittan Wands, die man
früher für die keltische Weissagung benützte), verschiedene
Arten weicher Metalle wie Messing und Silber (am besten für
Runen geeignet), Muscheln, versteifte Leinwand (für Karten),
Bohnen, die man entweder nach ihrer Zahlensymbolik deuten
oder mit Symbolen markieren kann, und vieles andere.

Die oben genannte Aufzählung ist nur der Anfang. Wenn Sie
irgendwann ein paar Minuten Zeit haben, schauen Sie sich in
Ihrer Wohnung nach anderen Weissagungswerkzeugen um.
Wahrscheinlich werden Sie angenehm überrascht sein, wie
viele Gegenstände Sie finden, die Sie in Ihr kreatives Projekt
problemlos integrieren könnten.

Die Symbole

Selbst wenn Sie eine sehr einfache Weissagungstechnik verwenden, eine Symbolik und dazugehörige Interpretationen
sind für diese magische Kunst unerlässlich – seien es die Symbole, mit denen Sie Ihr Orakel schmücken wollen, oder jene,
die während einer Sitzung auftauchen.

Da die meisten Menschen wahrscheinlich ein System wählen, das ihnen eine größere Bandbreite individueller Interpretationen erlaubt, möchte ich Ihnen einige der Symbole vorstellen, die im Laufe der Geschichte häufig für die Erstellung und
die Erläuterung von Orakeln verwendet wurden. Wenn Sie
sich einer einfachen Form der Weissagung bedienen, beispielsweise des Streuens von Sand oder anderen Materialien, das ich
eben erwähnte, dann können Sie diese Liste als Orientierungshilfe ansehen. Zusammen mit Ihrer Intuition können Sie dann
entscheiden, was die Muster zu bedeuten haben.

Wenn Sie dagegen ein etwas ausgefeilteres Orakel erstellen

wollen, schlage ich vor, entweder nur eine Liste zu verwenden oder mehrere Listen zu wählen, die jedoch in sich logisch und für eine Kombination geeignet sein sollten. Sie bekommen zwar eine größere Vielfalt, wenn Sie unterschiedliche symbolische Bilder mischen, historisch gesehen besitzen Weissagungsmittel jedoch meist einen zugrunde liegenden roten Faden. Am Schluss soll die entstehende Bildkomposition die einzelnen Symbole zusammenbinden, sodass ein harmonisches Ganzes entsteht, ähnlich einem gut eingespielten Team.

Diese Methode wird am besten in fast allen Tarot-Spielen deutlich, die es gegenwärtig auf dem Markt gibt. Jedes hat einen bestimmten Schwerpunkt, zu dem die Grundelemente der Münzen, Kelche, Stäbe und Schwerter zusammen mit den Bildwerten hinzugefügt werden. Diese aufeinander abgestimmte Struktur sollten Sie bei Ihrem eigenen Orakel ebenfalls anstreben.

Bei der Auswahl Ihres Themas und der dazugehörigen Symbole können Sie frei wählen, wie Sie sie am besten auf Ihrem Grundmaterial darstellen. Viele der Techniken, die für das Blumenorakel vorgestellt wurden (Schnitzen, Malen und Decoupage), eignen sich auch für diese alternativen Formen. Was immer Sie schließlich auswählen, lassen Sie sich Zeit, und schreiben Sie Ihre Interpretationen vor, während und nach der Zusammenstellung auf. Ob Sie es glauben oder nicht, die Deutung wird sich für Sie während des Herstellungsvorgangs, bei dem Sie sich ganz auf die einzelnen Entwürfe konzentrieren, in einigen Fällen ändern. Stellen Sie außerdem sicher, dass Sie Ihre Ideen für Deutungen und Schlussblätter aufschreiben (siehe *Der Einsatz des Orakels,* Seite 39). Das nimmt zwar etwas Zeit in Anspruch, hat aber den großen Vorteil, dass Ihr Nachschlagewerk für die Deutungen zur gleichen Zeit fertig gestellt wird wie das Orakel selbst.

Aus Gründen der Einfachheit mache ich Ihnen Interpretationsvorschläge für Symbole in der *aufrechten* Position. Um die

Bedeutung der umgekehrten Position zu erhalten, suchen Sie einfach die Antonyme, die entgegengesetzte Bedeutung der genannten Begriffe. Wenn beispielsweise die Zahl eins umgekehrt in Ihrem Blatt auftaucht, kündet sie von Verzögerungspraktiken und der Unfähigkeit, Ihre Träume zu verwirklichen. Bitte denken Sie daran, dass es sich hierbei nur um Vorschläge handelt, die geändert werden können und sollen, damit sie Ihren persönlichen Weg und Ihre Ideale besser widerspiegeln.

Denken Sie auch daran, dass Sie dabei neue Erfahrungen machen, die Sie genießen sollten. Sie werden Ihre Gefühle in Bezug auf die Zukunft, die Gegenwart, Ihre persönliche Symbolik und Ihre Weltanschauung unter die Lupe nehmen. Aufgrund dieser Innenschau bietet Ihnen der Herstellungsvorgang eine großartige Gelegenheit zu persönlichem Wachstum.

Ich möchte noch einmal betonen, dass Sie kein Künstler sein müssen, um ein magisches Hilfsmittel herzustellen, das Ihnen gute Dienste leistet. Der Große Geist schätzt zwar unsere individuellen Talente, achtet aber auf das Herz der Sache. Wenn Sie ein Weissagungssystem mit der richtigen Absicht entwickeln und all Ihre Kraft hineinlegen, dann kann das Ergebnis gar nicht anders als positiv sein.

Tiere

Tiere als Symbol zu verwenden ist ein uralter Brauch. In ihren Bewegungen und Tätigkeiten sahen die Wahrsager Zeichen und Omen. Das mit Abstand beliebteste Tier für diese Art von Orakel ist der Vogel. Schon 1330 vor Christus benutzten die Hethiter ein Deutungssystem, bei dem 27 verschiedene Vogelarten und deren Aktivitäten interpretiert wurden. In Deutschland und den nordischen Ländern konzentrierte man sich bei der Entschlüsselung der göttlichen Botschaften auf Krähe, Adler und Rabe.

Für Ihr persönliches Orakel können Sie die Federn oder das Fell eines bestimmten Tieres (selbstverständlich nur, wenn Sie dem Tier damit nicht schaden) oder eine bildliche Darstellung verwenden. Wenn Sie Ihre Abbildungen wählen, dann überlegen Sie gut, welche Haltung das Tier darauf einnehmen soll. Diese Haltung kann für Ihre endgültige Entscheidung hinsichtlich der Deutung des Orakels überaus wichtig sein. Ein schlafender Hund könnte ein Symbol für friedlichen Diensteifer sein, während ein Hund mit aufgestellten Ohren vorsichtige Wachsamkeit verkörpern könnte.

Adler: Neue Perspektiven, die Fähigkeit, sich über widrige Umstände zu erheben, Selbstheilung, Symmetrie, Prüfungen, das Aufgeben von Illusionen.

Ameise: Beharrlichkeit, das Wissen, dass alles, was für Sie bestimmt ist, schließlich auch zu Ihnen finden wird, eine Phase, in der Sie einem bestimmten Menschen oder einer Situation einfach vertrauen müssen.

Bär: Nachdenklichkeit, eine Phase der Ruhe oder des Rückzugs, Visionen, Intuition, mit Nachdruck geäußerte Wahrheiten.

Biber: Der ständig aktive Tatmensch, alles, was mit Bauen, Beschützen, Handeln, Lösen und Dienen zu tun hat.

Biene: Vergnügen, Urbarmachung, Warnung, sich nicht »stechen« zu lassen, das Element Luft, Geschäftigkeit.

Delphin: Ökologie, das Element Wasser, Segen, spirituelles Wachstum, Erlösung, der Atem des Lebens.

Eichhörnchen: Vorbereitung auf Veränderung, Mangel, überflüssigen Ballast abwerfen; widmen Sie Ihre Aufmerksamkeit Ihrem Heim und Ihren persönlichen Bedürfnissen.

Eidechse: Botschaften (insbesondere göttliche), Träume, Schnelligkeit, Ängste, Hoffnungen, Symmetrie.

Einhorn: Einsichten, kindliche Reinheit und Unschuld, Verteidigung jener, die verwundbar sind.

Eule: Die Geheimnisse uralter Zeit, Weisheit, Wahrheit, Scharfblick, mit dem man unter die Oberfläche schauen kann, Hellsichtigkeit.

Falke: Untersuchung, Signale, Einstellungen, Intuition, Sinn für Details.

Fisch: Glück, Wohlstand, Zufriedenheit, Gelassenheit.

Fuchs: Anpassung, Zuversicht, schnelle Reaktionen, die Fähigkeit, sich unsichtbar zu machen.

Hase: Arbeiten Sie an den Dingen, die Sie ändern können, und hören Sie auf, sich um die Dinge zu sorgen, die Sie nicht ändern können; die Angst ist ein mächtiger Feind, lassen Sie sich nicht entmutigen.

Hund: Dienst am Nächsten, Treue, Hingabe, die Fähigkeit, vorurteilslos zuzuhören.

Käfer: Neues Leben, Glaubwürdigkeit, Regeneration, Stärke, Mut, die Macht der Sonne.

Katze: Gleichgewicht, natürliche Kraft, Zeitlosigkeit, Anmut in der Bewegung.

Kolibri: Dualität, Flexibilität, Freude, Sinn für Ästhetik, die Essenz des Lebens, Entladung von Energie, Einsichten, Macht.

Krähe: Die Prinzipien des Universums im Gegensatz zu denen der Menschheit, sich offen gegen Ungerechtigkeit oder Gräueltaten aussprechen, Übereinstimmung von Worten und Taten.

Libelle: Träume, Vermögen, uraltes Wissen und uralte Macht, Mystik, die Elemente Luft und Feuer.

Löwe: Sonnenenergie, metaphysische Aspekte der Menschheit, Wachsamkeit, Rettung.

Maus: Genaue Prüfung, methodisches Vorgehen, sich einer Sache mit genauem Blick auf die Einzelheiten nähern, Umsicht.

Otter: Verspieltheit, die Fähigkeit zu reiner Freude, die Elemente Erde und Wasser, gesunde Neugier.

Pfau: Attraktivität, Ehrgeiz, Scharfsinn, Ewigkeit, bisweilen falsche Selbstwertgefühle.

Pferd: Bote der Götter, der weise Einsatz von Kraft, Verständnis, alles, was mit Bewegung zu tun hat.

Phönix: Wiederauferstehung, Neubeginn, dramatische Verwandlungen, das Element Feuer.

Rabe: Träger von Energie, Bewusstseinsveränderungen, der magische Funke, der entfacht wird, Mystik.

Schildkröte: Langes Leben, die Veränderung der Welt, Zuflucht, langsamer, aber stetiger Fortschritt, weibliche Attribute, Grundlagen.

Schlange: Selbsterkenntnis, die zu positiven oder negativen Entwicklungen führt, Wachstum, Verwandlung, Entwicklung, Sinnlichkeit, die Elemente Feuer und Erde.

Schmetterling: das Element Luft, der menschliche Geist oder die menschliche Seele, Metamorphose, Veränderung, das Wegfallen von Sorgen.

Schwan: Entwickeln Sie Ihre Intuition, und respektieren Sie Ihre Instinkte, eine Erinnerung daran, dass Schönheit und die Kraft für Veränderungen von innen kommen.

Skorpion: Initiation, Klarstellung, Empfängnis oder Geburt (insbesondere in spiritueller Hinsicht).

Spinne: Der Aufbau eines Netzwerks, Gaunerei, Schicksal, das Verstreichen der Zeit, Zukunft, kreative Energie.

Stachelschwein: Die Kraft von Glaube und Vertrauen, die Fähigkeit, unwichtige Dinge hinter sich zu lassen.

Stinktier: Verehrung, die Kraft, an sich selbst zu glauben und sich zu behaupten, Umstände, die mit Ihrem Ruf zu tun haben.

Taube: Seher und Propheten, Wiedergutmachung, Reinheit, ein sicherer Hafen, Frieden.

Wal: Wissen aus uralter Zeit, die alte Frau, die Elemente Luft und Wasser, Hellhören, Telepathie, umfassende Erkenntnis, Sprachen.

Wild: Mitgefühl, bedingungslose Liebe, Sanftheit, Jagd, Wachsamkeit.

Wolf: Die Fähigkeit, sich selbst oder andere aus einer momentanen Verwirrung zu führen, starker Familiensinn oder Zugehörigkeitsgefühl zu einer Gruppe, die Fähigkeit, sich in eine Gruppe einzubringen und dennoch seine Individualität zu bewahren, Zuwachs an psychischer Energie, neue Ideen.

Wo Sie diese Tiere finden können

❧ Möglicherweise hat Ihr Tierarzt einige Prospekte mit Abbildungen von verschiedenen Tierarten.

❧ Zoologische Gärten bieten oft Bücher und Broschüren an. Und vergessen Sie Ihren Fotoapparat nicht!

❧ In Kinderbüchern zum Ausmalen und in Lehrbüchern.

❧ In alten Enzyklopädien, auf Postkarten und Postern.

❧ Bei einer Wanderung in der Natur können Sie oft verblüffende Dinge finden, zum Beispiel Federn oder etwas Fell, das sich in einem Dornenstrauch verfangen hat. Falls Sie echte Pelzstücke für Ihr Orakel verwenden möchten: Man bekommt sie manchmal auch in Secondhandläden.

Astrologische Symbole

Die frühesten Horoskope, die wir kennen, stammen aus Babylon aus dem Jahr 410 vor Christus. Schon 300 vor Christus waren die astrologischen Karten in derselben Gegend so detailliert, dass jedes Zeichen zwölf Untergruppierungen besaß. Mesopotamische Priester gesellten der Sonne, dem Mond und den Planeten einen Gott oder eine Göttin zu, denn sie glaubten, dass sie alle eine geordnete Struktur des Universums verkörperten. Die Astrologie in wissenschaftlicher Form entwickelte sich erst später im Kielwasser der Astronomie.

Die Astrologie war zuerst vor allem in der Griechisch sprechenden Welt bekannt. Ihre wichtigsten Prinzipien wurden von Aristoteles niedergelegt. Im Laufe seines Lebens erklärte er die Himmelskörper dafür verantwortlich, das Geschehen auf der Erde zu bestimmen. Der im zweiten Jahrhundert nach Christus lebende griechische Arzt Galen glaubte fest an die Wahrheit dieser Theorie und fügte noch hinzu, dass Zeichen wie Meteore, Blitze und Ähnliches ebenfalls berücksichtigt werden müssten. Kräuterkundige im Mittelalter unterstützten seine These.

Die Verbindung der Lebewesen mit den Bewegungen des Universums trat im Zeitalter der Aufklärung vorübergehend in den Hintergrund. Um 1930 erwachte jedoch in den Vereinigten Staaten und in anderen Ländern ein neues Interesse. Obwohl sich dieses Interesse an den Planeten und ihren Tierkreiszeichen auf tägliche Horoskope oder Pflanzzyklen konzentriert, können die Planeten und ihre Symbole oder Tierkreiszeichen Ihrem Orakel als Interpretationshilfen angegliedert werden.

Wenn Sie sich dafür entscheiden, diese Zeichen in irgendeiner Form zu verwenden, können Sie die Kraft jedes einzelnen noch verstärken, indem Sie damit während der entsprechenden Planeten- oder Tierkreisphase arbeiten. Um zu erfahren, wann Sie sich in welcher Phase befinden, schauen Sie am besten in den Ephemeriden nach.

Planeten

Merkur: Symbol ☿; Kommunikation, Geschwindigkeit, Logik und Vernunft, das Umsetzen von Lektionen jeder Art.

Venus: Symbol ♀; ein Gefühl der Anziehung, Liebe, Freude, alle Aspekte sozialer Kompetenz.

Erde: Symbol ♁; Heim und Familie, Ökologie, Grundlagen, Erdung.

Mars: Symbol ♂; Manifestation, Kraft, Vitalität, Sexualität, Triebkraft, Richtung, Brennpunkt.

Jupiter: Symbol ♃; Wachstum, ethische Fragen, das Wissen um Ihre Beziehung zum Universum, Taktgefühl, karmisches Gesetz, Gesundheitsfragen.

Saturn: Symbol ♄; Struktur, Einstellung, Stabilität, Befreiung aus einer bestimmten Abhängigkeit.

Uranus: Symbol ♅; geistige Freiheit, Fähigkeit, Ihre Träume umzusetzen, Inspiration, Humor, das innere Kind.

Neptun: Symbol ♆; eine erweiterte Sichtweise, Abschied von der Langeweile, die Fähigkeit zu träumen wird geweckt, neue künstlerische Visionen.

Pluto: Symbol ♇; Erhaltung der Kultur oder des Lebens, humanitäre Bemühungen, Fortpflanzung, neue Liebe für die Mitmenschen.

Tierkreiszeichen

Widder: Symbol ♈; 21. März – 21. April; ein Feuerzeichen voller Mut und lebendiger Energie, hervorragend als Führer oder Lehrer geeignet.

Stier: Symbol ♉; 21. April – 21. Mai; ein Erdzeichen, liebt die Schönheit, alles, was mit Mitgefühl, den Künsten oder Einfühlsamkeit zu tun hat.

Zwilling: Symbol ♊; 21. Mai – 21. Juni; ein Luftzeichen, das alles betrifft, was mit dem Verstand zu tun hat, insbesondere wissenschaftliche Bemühungen und Anpassungsfähigkeit.

Krebs: Symbol ♋; 21. Juni – 21. Juli; ein Wasserzeichen voller Eigenheiten, Abenteuerlust, Romantik und Entschlossenheit.

Löwe: Symbol ♌; 21. Juli – 21. August; ein Feuerzeichen, das viele maskuline Eigenschaften verkörpert, einschließlich Stärke, Kraft und Mut.

Jungfrau: Symbol ♍; 21. August – 21. September; ein Erdzeichen, das mit Humor, Pragmatismus, Unterscheidungsvermögen und Einsicht assoziiert wird.

Waage: Symbol ♎; 21. September – 21. Oktober; ein Luftzeichen mit Bezug zu Verständigung, Fairness, festen Entschlüssen und Standpunkten.

Skorpion: Symbol ♏; 21. Oktober – 21. November; ein Wasserzeichen voller Kraft, insbesondere emotionaler Natur, passt auch zu Situationen, in denen eine Diskrepanz zum Ausdruck kommt.

Schütze: Symbol ♐; 21. November – 21. Dezember; ein Feuerzeichen, dem Willenskraft, Respekt, Geduld und Ehrlichkeit zugeschrieben wird.

Steinbock: Symbol ♑; 21. Dezember – 21. Januar; ein Erdzeichen, das Ausdauer, harte Arbeit, Ziele und Fleiß verkörpert.

Wassermann: Symbol ♒; 21. Januar – 21. Februar; ein Luftzeichen, das durch Großzügigkeit, Einfühlsamkeit, Unterscheidungsvermögen, Idealismus und Wohltätigkeit gekennzeichnet ist.

Fische: Symbol ♓; 21. Februar – 21. März; ein Wasserzeichen, das mit Liebe, Beharrlichkeit, Vorstellungskraft und Vorausschau in Verbindung gebracht wird.

Farben

Viele Bereiche unseres Gehirns werden von den Alltagsaktivitäten gar nicht erreicht. Farben erlauben uns, schnell die ihnen zugeschriebenen Charakteristika in unsere magischen Versuche einzubinden, weil sie unseren Gesichtssinn ansprechen, sowohl innerlich wie äußerlich. Ein Beispiel hierfür ist die Farbe Hellblau. Es ist angenehm, sie anzuschauen; oft denkt man dabei an einen klaren Himmel oder ein ruhiges Meer. Deswegen wirkt sie auf die meisten Menschen leicht beruhigend und fördert die Entspannung, wenn man ihr über einen längeren Zeitraum hinweg ausgesetzt ist.

Für Ihre Weissagungspraxis probieren Sie einfach aus, was Ihnen als erstes einfällt, wenn Sie an einen bestimmten Farbton denken. Diese erste Reaktion sollten Sie aufschreiben, das wird Ihnen beim kreativen Einsatz der Farbe helfen. Wenn Sie bei Gelb beispielsweise an Prophezeiungen denken, kann das die ideale Grundfarbe für Ihr Orakel sein. Wenn Sie sich andererseits bei der Betrachtung von Grün lebendig und schwungvoll fühlen, können Sie es dem Symbol hinzufügen, das in Ihrem individuellen System die persönliche Energie verkörpert.

Blau: Ein friedlicher Farbton, der mit dem Element Wasser assoziiert wird und von Inspiration, Ganzheit und Verjüngung kündet, Eigenschaften wie Verständnis, Hingabe, Aufrichtigkeit und Zuneigung, wird häufig auch mit Kunst, Kreativität, humanitären Bemühungen und Launenhaftigkeit in Verbindung gebracht.
Braun: Überlebenstechniken, Erdung, Arbeit mit dem Boden.
Gelb: Charme und Erregung, wachsende Energie und Inspiration, Angelegenheiten, die mit intellektuellem Lernen, Bequemlichkeit und Triumph zu tun haben, wird häufig mit freundlichem Naturell und Neugier verknüpft.
Gold: Universelle Lebensenergie, die Farbe der Sonne, männliche Eigenschaften, schnelles Handeln, Geld, Rechtsfragen.
Grau: Völlige Neutralität, vollständiges Gleichgewicht.
Grün: Die Elemente Erde und Wasser, Wachstum, Symbol für den Ertrag geleisteter Arbeit, auch für geldbezogene Symbo-

lik geeignet, alles, was mit der Natur zu tun hat, Glück, Fruchtbarkeit, Zuversicht, Heilung und Hoffnung.

Orange: Wärme, Gemeinschaft, Fülle, das Element Feuer, gut für jede Frage, bei der es um Wohlstand, Kameradschaftlichkeit und gesellschaftliche Anlässe geht, geistige Regsamkeit, Ermutigung, Anpassungsfähigkeit, Güte, Charakterstärke.

Purpur: Farbe der Macht und der übersinnlichen Kräfte, beruhigend und erfrischend, spiritueller Natur, wird mit Ehrgeiz, Fortschritt, Selbstsicherheit und Intelligenz assoziiert.

Rot: Die Säfte des Lebens strömen rot, deswegen wird Rot mit Intensität, Emotionen, Gefahren und Macht in Verbindung gebracht, es ist auch die Farbe der dramatischen Veränderungen, der Stärke, Klarheit und der reinen Liebe, kann auch mit der aggressiven Natur der Menschheit assoziiert werden.

Schwarz: In manchen Überlieferungen die Farbe für Schutz, alternativ dazu Krankheit, Anpassung, »dunkle Wolken«, Grübeln, Nacht und Träumen, unsere persönlichen Gespenster, Trauer, Ende, Energie, um Negatives zu absorbieren oder unerwünschte Umstände umzukehren, Verständnis der menschlichen Natur, Einschränkungen.

Weiß: Versöhnung, Harmonie, Vergebung, wird fast überall als Farbe von Schutz und positiver Magie gesehen, der Vollmondaspekt der Göttin, Reinheit, Vollkommenheit, ernsthafte spirituelle Ziele.

Steine und Metalle

In alten und modernen Kulturen wurden und werden viele Edelsteine und Halbedelsteine als Talisman benützt. Im Bereich der Weissagung sind jedoch Kristalle als Hilfsmittel besser bekannt; man denkt dabei an Wahrsager, die ihre Prophezeiungen mit Hilfe einer Kristallkugel oder Glaskugel erlangen.

Je nach Material können in einer Kristallkugel Flammen oder Wolken auftauchen und Bilder formen, die dann entsprechend gedeutet werden. Ende des 19. Jahrhunderts und Anfang des 20. Jahrhunderts wurden über diese Art des Wahrsagens Untersuchungen durchgeführt. Man gelangte zu der Ansicht, dass die Betreffenden in eine selbsterzeugte Trance fallen oder derart in ihrer Arbeit aufgehen, dass sie keine Außenreize mehr wahrnehmen.

Für Ihr persönliches Orakel können Sie Kristalle entweder auf diese Weise benützen oder sie als Ausgangsbasis verwenden, je nach Neigung. Den Kristallen können Sie durch Schnitzen, Aufmalen oder Ankleben auch andere Symbole hinzufügen. Wenn der eigentliche Stein nicht zu haben oder zu teuer ist, können Sie ihn durch einen Gegenstand von ähnlicher Farbe ersetzen.

Achat: Situationen, die mit dem Wetter zu tun haben, Ihre persönliche Fähigkeit, sich eine Perspektive zu erarbeiten.

Amethyst: Kontrolle negativer Gedanken oder Gewohnheiten, geistreiche Beurteilung, Sieg, Schutz.

Aquamarin: Mut oder Tapferkeit bei der Entscheidungsfindung.

Bernstein: Zunehmende Energie, manchmal auch Sitz der Geister, Gefangennahme oder unterbrochene Bewegung.

Beryll: Freundschaft, Vitalität, Schärfe des Intellekts, die Erneuerung der Liebe in einer engen Beziehung.

Blei: Grundlagen, möglicherweise Langsamkeit bei der Entscheidungsfindung oder beim Vorgehen in einer bestimmten Situation.

Chrysolith: Schutz vor Dingen, die im Schatten lauern, das Bannen unerwünschter Energie und die Wiederherstellung der persönlichen Vitalität.

Diamant: Klarheit von Gedanken und Absichten, Stärke und Standhaftigkeit, Bescheidenheit und Reinheit.

Eisen: Wird mit dem Element Erde assoziiert, beinhaltet Stärke, Dauerhaftigkeit und eine unnachgiebige Position in einer bestimmten Meinungsverschiedenheit.

Gips: Schutz, Unschuld, Schicksal, Glück, Leistung und Meisterschaft, insbesondere in einer rechtlichen Angelegenheit.

Gold: Irdische Güter, maskuline Kräfte, die Energie der Sonne.

Heliotrop: Schutz des Lebens, Ihre diesbezüglichen Bemühungen werden anerkannt, Weisheit durch Erfahrung.

Jade: Produktivität, Heilung, Romantik, Langlebigkeit, Schutz (insbesondere für Kinder).

Jaspis: In einer negativen Situation das Steuer herumwerfen, Kontrolle Ihrer Ängste, Beeinflussung des Wetters.

Karneol: Vermögen, Sicherheit, Ehre, Gelegenheit, beeindruckende rhetorische Fähigkeiten.

Koralle: Gedanken ordnen oder Verwirrung auflösen, zunehmende Lebenskraft, mehr Weisheit in Ihrem Leben, die kreative Kraft des Meeres.

Kupfer: Leitvermögen und Stabilisierung.

Lapislazuli: Medialer Schutz, klarer Verstand, Schutz vor Traumata, Heilmittel für Melancholie.

Magneteisenerz: Moral, wahre Hingabe, Macht, die Fähigkeit, mit Magie Menschen oder Dinge in Ihr Leben zu ziehen.

Malachit: Gesundheit und Wohlbefinden (insbesondere für Kinder und deren Schutz).

Mondstein: Glück (besonders in der Liebe) und die traditionell dem Mond zugeschriebenen Eigenschaften (insbesondere weibliche Kraft, spirituelles Wissen, Bewusstsein).

Obsidian: Kontrolle über Ihre spirituelle Energie und die Richtung Ihrer Kraft.

Onyx: Ein besonderes Zeichen der Freundschaft oder der Verbundenheit in einer Beziehung.

Rubin: Herzensangelegenheiten (vor allem traurige).

Saphir: Treue, Aufrichtigkeit, Hingabe (besonders hinsichtlich Ihres spirituellen Weges), göttliche Gnade.

Silber: Der Mond in all seinen Phasen, Aspekte der Göttin, Friedlichkeit.

Smaragd: Romantik, Freude, Einheit in der Familie, das Beruhigen von Stürmen (insbesondere emotionaler Natur), Visionen für die Zukunft.

Türkis: Schutz (vor allem vor einem Sturz oder vor Katastrophen), Pünktlichkeit, Heilung, bringt tierische Schutzgeister in Ihr Leben.

Zinn: Glück und Schicksal.

Wo Sie diese Steine und Metalle finden

❦ In Hobbygeschäften.
❦ In der geologischen Fakultät der Universitäten.
❦ In Esoterikbuchhandlungen und Mineralgeschäften.
❦ Auf Mineralienbörsen.
❦ Bei Steinschneidern.

Vergessen Sie an diesen Orten nicht, weitere Informationen einzuholen! Man wird Ihnen auch andere Adressen nennen oder alternative Quellen für Abbildungen der Steine empfehlen können, die Sie einsetzen wollen.

Zahlen

Vor über 2000 Jahren erklärte Pythagoras, dass jeder Buchstabe und jede Zahl irgendwie mit den Geheimnissen des Universums verbunden sei. Seit damals haben die Erforschung und der Einsatz der Numerologie als Weissagungsmittel stark zugenommen. Seien es die Zahlen Ihres Geburtsdatums, die Anzahl der Buchstaben in Ihrem Namen oder die genaue Anzahl der Vögel, die über Ihren Kopf hinwegfliegen, Zahlen scheinen ein besonderes Mysterium zu besitzen, das wirksam in Ihrem Orakel zum Einsatz kommen kann.

Sie können entweder die Zahlen selbst auf Ihrem Grundmaterial als Symbol auftragen oder die Zahl in Kombination mit einem anderen Zeichen einsetzen und so die Wirkung verstärken. Ein Beispiel: Da das Heidekraut die Blume des übervollen Terminkalenders und der Notwendigkeit einer Ruhepause ist, könnten Sie drei Heidekrautpflanzen auf einer Karte abbilden, da die Drei die Zahl ist, die eine ähnliche Bedeutung hat.

1: Kraft, Feuer, die Fähigkeit zu Pioniertaten und der Umsetzung Ihrer Träume, Entschlossenheit, Ehrgeiz, leidenschaftliche Ziele und große Energie, Einzigartigkeit eines Vorhabens.

2: Frieden, Einfühlsamkeit, Geheimnis, gesellschaftliche Angelegenheiten, Zuneigung, sprachliche Begabung, die Fähigkeit, Beruf und Kunst oder Familie in Einklang zu bringen.

3: Kreativität, Veränderung, Ruhelosigkeit, die Kunst der Konversation, voller Terminkalender, Verantwortung, die dreieinige Natur der Menschheit und des Göttlichen.

4: Erde, Pragmatismus, Vollendung, Forschung und Studium, eine besondere Begabung für Technisches, Pflicht, Ausgeglichenheit, Erinnerung.

5: Impulsives oder ruheloses Naturell, Herausforderung neuer Situationen, unerwartete oder ungewöhnliche Begegnungen, Freundschaften, Sinnlichkeit.

6: Schönheit, Harmonie, Synchronizität, die Vereinigung von Träumen und Wirklichkeit, spirituelles Wachstum.

7: Philosophie und intensives Studium, Selbstdisziplin, geistige Fähigkeiten, der richtige Zeitpunkt, jede Situation, in der es um Heimlichtuerei oder Widerstand geht.

8: Führung, Interesse an Geschäften und Finanzen, Sinn für Humor, mit dem Erfolge relativiert werden.

9: Humanitäre Bemühungen, Mitgefühl, leidenschaftliche Emotionen, politische Dynamik, der Wunsch nach Freiheit und Abenteuer.

10: Plötzliche Veränderung im Hinblick auf Vermögen oder Lebenssituation, Konzentration auf Geistiges, nicht auf Körperliches, Sorge und emotionale Angelegenheiten.

11: Idealismus, Stille, originelle Ideen, die Herrschaft über den Verstand, die Fähigkeit, sich von der Meinung anderer nicht beirren zu lassen.

12: Täuschende Äußerlichkeiten (insbesondere im Hinblick darauf, wie Sie sich selbst sehen), abgeschlossene Zyklen.

Runen

Eine ausführliche Erklärung der Runen, eine Einführung in ihre Geschichte und eine Erläuterung, wie man sie am besten einsetzen kann, finden Sie in den Büchern »Runenkunde« von Edred Thorsson und »Runen« von Ralph Blum.

Im Hinblick auf Ihr persönliches Orakel lassen sich die Runen fast allen Symbolen hinzufügen, die ich bislang aufgelistet habe, um so deren Bedeutung noch zu verstärken. Sie können aber auch ein höchst kraftvolles Orakel herstellen, wenn Sie nur Runen auf einem Holz-, Stein- oder Muscheluntergrund auftragen.

Runensymbol	Runenname	Bedeutung
ᛗ	Mannaz	Selbst, Individualität
ᚷ	Gebo	Bündnis, Geschenke
ᚠ	Ansuz	Vorbote, Zeichen
ᛟ	Othila	Isolierung, Zuflucht

∩	Uruz	Vitalität, Verwandlung
⊠	Perth	Anfänge, verborgene Wahrheit
✕	Nauthiz	Wesentliches, Begrenzung
□	Inguz	Produktivität, Initiation
↓	Eihwaz	Schutz, weise Voraussicht
Y	Algiz	Sicherheit, Empfinden
⋿	Fehu	Besitztümer, Erfüllung
P	Wunjo	Segen, Genauigkeit
◇	Jera	Ernte, Fruchtbarkeit
<	Kano	Eingang, klare Bedeutung
↑	Teiwaz	Kraft des Kriegers
B	Bergana	Entwicklung, Wiedergeburt
M	Ehwaz	Aktivität, Fortschritte
∧	Laguz	Fließen, emotionale Bedürfnisse
N	Hagalaz	Unordnung, Erwachen
R	Raido	Reise, Kommunikation
▷	Thurisaz	Pforte, Stillstand
⋈	Dagaz	Metamorphose, Tag
I	Isa	Sackgasse, Eis
≲	Sowelu	Vollständigkeit, Lebenskraft
	(leer)	Unbekanntes, Leere

Diverse Gegenstände

Da die Magie sich weiterentwickeln und verändern sollte, wäre es ziemlich naiv zu glauben, dass alle unsere Praktiken auch für künftige Generationen Gültigkeit haben oder haben sollten. Wir leben in der »schönen, neuen Welt«, in der technische Apparaturen aller Art unser Leben ständig neu revolutionieren. Angesichts solcher Entwicklungen sehen wir uns völlig neuen Symbolen gegenüber, die für die Herstellung von Orakeln und deren Interpretation verwendet werden können – sei es, dass wir dadurch Träume deuten oder dass wir das Symbol in unser Orakel integrieren.

Nachfolgend habe ich darum in alphabetischer Reihenfolge einige Symbole, sowohl ältere als auch neue, mit entsprechenden Deutungsvorschlägen aufgeführt. Es handelt sich hier nicht um eine vollständige Liste, nur um einige Anhaltspunkte. Was Sie bei Ihrer Orakeldeutung oder bei anderen Erfahrungen als wichtig empfinden, ist das beste Auswahlkriterium für die Erläuterungen, die Sie für sich notieren sollten.

Ablageschrank: Die Notwendigkeit, Ordnung zu halten, Klärung alter Angelegenheiten, Prioritäten festsetzen.

Abrakadabra: Gilt als magisches Wort, wenn man es in Form eines Dreiecks aufschreibt, Schutz vor Krankheit.

Alleskleber: Schnelle Lösungen, am Ball bleiben, notwendige Reparaturen.

Amtsschimmel (Bürokratismus): Kein Fortschritt im positiven Sinne, Hinhaltetaktiken und Ausweichmanöver, alles, was mit Verzögerungen, Einschränkungen oder Rechtsverbindlichkeiten zu tun hat.

Anrufbeantworter: Ein Ärgernis, jemand nicht erreichen zu können, falsche Verbindungen, Kommunikation in jeder Hinsicht.

Atom: Energie, starke Bindungen, Veränderungen (häufig drastischer Natur).

Auto: Bewegung, Freude, Arbeitsstelle, eine Autohupe symbolisiert dagegen oft Wut, Lärm und Blockierungen.

Baby: Unschuld, Neuanfang, mögliche finanzielle Belastungen, die Notwendigkeit von Einschränkungen.

Bank: Sicherheit, finanzielle Angelegenheiten jeglicher Couleur, Ersparnisse.

Bar: Zwischenmenschliche Interaktionen, Geheimnisse, Täuschung, Beziehungen.

Bett: Ruhe, Sicherheit, Sinnlichkeit.

Bohnen: Heiße Luft, Halbwahrheiten, Menschen mit zwei Gesichtern.

Bombe: Zerstörung, umwälzende Veränderungen, die häufig alles andere als positiv verlaufen, Zorn, der kontrolliert werden muss, Mangel an Feingefühl.

Brieftasche: Schätze, Sicherheit, Familienstolz.

Brücke: Schwierigkeiten überwinden, positive Veränderung, neue Lebenssituation, Übergänge, Endpunkte und Neuanfänge.

Büchertasche: Ausbildung, Studium, Lasten, Verstand.

Buddha: Meditation, Kontemplation, Friedfertigkeit, Interesse an östlicher Mystik.

Bügeleisen: Notwendigkeit, eine bestimmte Situation zu klären, an den Schwachpunkten eines Plans feilen.

Büroklammer: Rechtliche Fragen absichern, die Dinge zusammenhalten, aber nur locker.

Computer: Konzentration, Erinnerung, der positive Einsatz von Technologie.

Damm: Blockierte oder gespeicherte Energie, das Element Wasser.

Dolch: Trennung, schneidende Worte, männliche Energie.

Eigentumswohnung: Eine moderne Burg, achten Sie darauf, wofür Sie Ihr Geld ausgeben, sorgen Sie dafür, auf ein solides Fundament aufzubauen.

Eishockeypuck: Sie ziehen in einer Situation, in der es gewalttätig zugehen kann, den kürzeren, glitschiger Untergrund lässt nur schwer Halt finden.

Fahne: Eine Erklärung, in früheren Zeiten brachte sie den Schutz des Einzelnen durch die Familie zum Ausdruck, was auf der Fahne steht, kann wichtiger sein als die Fahne selbst.

Fallschirm: Die Notwendigkeit, mit Würde aus einer Situation herauszukommen, die Suche nach Freiheit, das Element Luft.

Federn: Lachen, ein Geschenk, über das man sich freut, Botschaften, Ehrlichkeit.

Fernbedienung: Macht, mögliche Manipulation, die Notwendigkeit von festen Regeln oder Überwachung, ein Leben mit »Pausenknopf«.

Fernsehgerät: Medien, Ablenkung, Familie, Vergnügen.

Feuerwerk: Inspiration, Kreativität, Sinnlichkeit.

Flasche: Eine volle Flasche ist immer positiv (insbesondere, was Beziehungen betrifft), wenn die Flasche halb voll ist, dann prüfen Sie, was fehlt, ist die Flasche leer, haben Sie in dieser Situation nichts Gutes zu erwarten.

Flugzeug: Bewegung, das Element Luft, die Richtung des Flugzeugs kann darüber entscheiden, ob Sie etwas in Ihr Leben bringen oder es daraus entfernen sollten.

Fön: Das Element Luft, das Erleichtern von Lasten, Leichtigkeit, luftige Gefühle, Frische.

Fotoapparat: Überraschung, plötzliche Bewusstwerdung, besondere Gelegenheiten, mögliche Falle, Reise.

Gebiss (dritte Zähne): Unsicherheit, irreführender erster Eindruck, etwas Verborgenes oder Entstelltes.

Geld: Die materielle Welt, Sicherheit, seinen Verpflichtungen nachkommen.

Getreidekörner: Wohlstand, Glaube, Unterhalt.

Gewehr: Zorn, Mangel an Kontrolle oder Konzentration, Bitterkeit oder das verzögerte Eintreffen einer erwarteten Situation.

Grillfest: Veränderung, Familie, Zusammenkünfte, das Element Feuer.

Haarnetz: Humor, nur teilweise Ehrlichkeit, Konzentration auf Oberflächlichkeiten.

Handschellen (gefesselte Hände): Heilungsarbeit, Teilen, Kameradschaft, Hilfe.

Heißluftballon: Heiße Luft, aufgeblähtes Ego oder überzogene Vorstellungen, die Notwendigkeit, sich zu erden.

Herd: Die Dinge kommen langsam in Gang, Heim und Familie, Bewirtung, Ideen reifen zur Vollkommenheit.

Hochhackige Pumps: Veränderung der Perspektive, äußeres Erscheinungsbild, festliche Anlässe.

Kalender: Termine, der Wechsel der Jahreszeiten, Zyklen.

Kernreaktor: Intensive Energie, so stark, dass sie schon gefährlich ist, überdenken Sie die Motive für Ihre Beschäftigung mit der Magie, eine Aufforderung, mit der Macht verantwortlich umzugehen.

Kerze: Beleuchtung, uraltes Wissen wird offen gelegt, magische Studien, das Element Erde, die Farbe der Kerze muss ebenfalls berücksichtigt werden und kann die genannten Bedeutungen verändern (siehe auch den Abschnitt *Farben*, Seite 240).

Koffer: Reise, Veränderung, Perspektiven, Abenteuer.

Kondom: Schutz, vernünftige Entscheidungen, Sexualität, moderne Moral.

Konfetti: Feiern, ein wohlverdienter Ferientag.

Korb: Überraschungen, Freizeit, gutes Essen und Kameradschaft, Fruchtbarkeit im körperlichen Sinne.

Kristalle: Siehe den Abschnitt *Steine und Metalle*, Seite 242.

Krug: Das Element Wasser, spirituelles Verlangen.

Kuchen: Wohlstand (manchmal auf Kosten eines anderen), Dualität, Selbstsucht, Feierlichkeiten.

Kühlschrank: Aufbewahrung, Lebensunterhalt, gleichgültige Haltung.

Lampe: Ist sie eingeschaltet, neue Erkenntnisse und Einsichten, ist sie ausgeschaltet, die Notwendigkeit, Ihre Optionen zu prüfen und zu überdenken; es könnte sich als interessant erweisen, diese Deutung bei der aufrechten und der umgekehrten Position zu berücksichtigen.

Lebensmittel: Hier kommt es auf die Art der Lebensmittel an, und davon gibt es zu viele, als dass ich sie alle auflisten könnte, ein gutes Nachschlagewerk ist »Magie in der Küche« von Scott Cunningham.

Lineal: Sein Leben an bestimmten Normen messen, genaue Beobachtung, Wertmaßstäbe und Zuteilungen.

Lottoschein: Versuchung, Glück, Schicksal, Geldangelegenheiten.

Meteor: Blitz der Erleuchtung, Warnung vor zu viel Energieverbrauch, Ausgebranntsein, drastische Einschränkungen.

Mikrofilm: Konzentration auf Details, kleinliche Pingeligkeit, kann auch auf die Gabe der Hellsichtigkeit hinweisen, die entwickelt werden sollte.

Mikroskop: Das Gefühl, klein und unbedeutend zu sein, genaue Selbstprüfung in Hinblick auf die Welt.

Mixer: Veränderung von Gestalt oder Zustand, die Dinge in eine bestimmte Größe bringen oder zu einem bestimmten Bild formen.

Mond: Die Bedeutung der Mondphasen ist in der Magie bestens bekannt, im Tarot symbolisiert die Mondkarte etwas Verborgenes, bei zunehmendem Mond bildet sich Materie, bei abnehmendem Mond verschwindet sie.

Mülleimer: Abfall, Haushalten, Reinigung.

Neonlicht: Zu viel Beachtung für das Selbst, Blauäugigkeit.

Nylonstrümpfe: Unterstützung, Erscheinungsbild.

Olympisches Feuer: Sieg, der Geist der Zusammenarbeit, die Energie der Jugend, das Element Feuer.

Papiertaschentücher: Trauer, Reinigung, mögliche Krankheit.

Pfeil: Warnung, Botschaft, Richtungen, der Geist des Kriegers; ein nach oben weisender Pfeil ist für gewöhnlich ein positives Zeichen, ein nach unten gerichteter Pfeil kündet von einem endgültigen Urteil, das demnächst gefällt wird.

Pizza: Ein Teil des Lebens, Begegnungen, Teilen, das Glücksrad.

Planeten: Zyklen, Träume, äußere Einflüsse, jeder Planet hat eine etwas andere Bedeutung, wie bereits an anderer Stelle in diesem Kapitel erläutert (siehe Seite 237).

Rad: Zyklen, Schicksal oder Glück, Münzen sind ein guter Ersatz.

Radiowecker: Alles, was mit Zeit zu tun hat; wenn der Radiowecker klingelt, weist das auf den Versuch, Sie zu motivieren oder auf eine verpasste Gelegenheit aufmerksam zu machen, hin.

Rakete: Erforschung, schnelles Wachstum, Bewegung.

Rasenmäher: Das Alte wegschneiden, sich überholter Vorstellungen und Verhaltensweisen entledigen.

Räucherwerk: Interesse an spirituellen Sphären, Meditation, stille Zeit.

Reagenzglas: Studium, Gesundheit, Fruchtbarkeit, sterile Atmosphäre.

Regenwald: Ökologie, die Heilung von Gaia, erdbezogener Zauber, Wasser.

Rotstift: Grübeln über Fehler, sich selbst tadeln oder in strengem Ton von anderen zurechtgewiesen werden.

Runen: Siehe den Abschnitt *Runen,* Seite 247.

Rüstung: Schutz, langsame Bewegung, anstehende Schlachten.

Satellitenschüssel: Gehörsinn; wenn die Schüssel von Ihnen weg zeigt, missachten Sie einen guten Rat, wenn sie in Ihre Richtung zeigt, symbolisiert das Empfänglichkeit für neue Ideen.

Schachspiel: Große Konzentration, Aufmerksamkeit für Details, geistige Aktivität; wenn Sie noch mehr Deutungen wollen, können Sie jede einzelne Schachfigur verwenden – dann bedeuten Könige beispielsweise Macht, Führung und so weiter, Bauern dagegen deuten an, dass Sie manipuliert werden.

Schere: Dinge abschneiden, negative Gefühle, Trennung, Veränderung, Kreativität.

Schlüssel: Türen öffnen sich, Neuanfänge, Bewegung, Reise.

Schlüsselloch: Schnüffeln, Tratsch, peinliche Informationen, Geheimnisse verraten.

Schokolade: Magie der Sinne, Heißhunger, Änderung der Ernährungsweise, angenehme Beschäftigungen.

Schrank: Scheinbar unangenehme Geheimnisse, verborgene Angelegenheiten, Eröffnungen und Abschlüsse.

Schreibmaschine: Sich wiederholende Bewegungen, ununterbrochene Zyklen, Gewohnheiten.

Schublade: Lagerung, Ordentlichkeit, Ordnungssinn.

Schüssel: Eine volle Schüssel kann ein Symbol für Wohlstand sein, eine leere kündet von Armut und Hunger (was sich aber durchaus auf den spirituellen Bereich beziehen kann).

Schutzhelm: Schutz, insbesondere des Verstandes.

Schwarzes Schaf: Schuld, sich nicht beachtet oder unwohl fühlen.

Schwert: Uralte Ehre, Lehnstreue, Stolz, der Geist des Kriegers im Gleichgewicht mit den technischen Fähigkeiten des Kriegers.

Seife: Die Notwendigkeit, bestimmte Verhaltensweisen zu überprüfen (insbesondere Ihre Kommunikationsfähigkeiten), Zeit für Läuterung und Reinigung.

Seifenblasen: Leichtigkeit, unbelastet sein, mögliche Warnung vor Gedankenlosigkeit oder mangelnder Vorausschau.

Sessel: Erholung, Ruhe, Freizeit.

Sonnenfinsternis (oder Mondfinsternis): Verschwommene Visionen, Übergänge, Zwischenwelten.

Spiegel: Reflexionen (insbesondere jene, die mit der körperlichen Erscheinung zu tun haben), falsche Bilder.

Spielgeld: Versuchung, Ablenkung.

Sportwagen: Ein Leben auf der Überholspur, die Aufforderung, langsamer zu machen und sorgfältiger zu beobachten.

Steckdose (Stromkabel): Macht, Verbindungen.

Stereoanlage: Zu viele Optionen, die Notwendigkeit für klare Verhältnisse zu sorgen und Prioritäten zu setzen; nehmen Sie sich Zeit für sich, um auf Ihr Herz zu hören.

Stiefel: Unehrlichkeit, Geheimniskrämerei, problematischer Fortschritt, Schutz vor schlechtem Wetter; bitte bedenken Sie, dass die Art der Stiefel die Deutung verändern kann – Gummistiefel können beispielsweise emotionale Unruhe und Tränen symbolisieren, dagegen künden Winterstiefel möglicherweise von Distanziertheit und emotionaler Kälte.

Synthesizer: Machen Sie es wie das Chamäleon, und lernen Sie, wann Sie mit Ihrer Umgebung verschmelzen müssen, Flexibilität und Veränderung.

Tarot: Ebenso wie bei den Runen hat jede Karte ihre eigene Bedeutung, das ganze Spiel ist ein Symbol für Weissagung, Intuition und die Konzentration auf die psychische Energie. (Wenn Sie genauere Informationen zu den Tarot-Karten wollen, schlagen Sie in einer dem Spiel beigelegten Anleitung oder einem Buch zum Thema nach.)

Taschenrechner: Finanzielle Angelegenheiten, Geld, das geprüft wird, Wirtschaftsprüfung, die Notwendigkeit, Quellen auf ihre Richtigkeit zu überprüfen.

Teleskop: Neue Horizonte, neue Perspektiven, ein umfassenderer Blick auf Ihr persönliches und/oder spirituelles Leben, neue Erkenntnisse in Bezug auf Ihren Platz im Universum, Zeitreisen.

Trommel: Warnungen und Ankündigungen, Zyklen und Rhythmen.

Türklingel: Gäste, Neuigkeiten, Wachsamkeit.

Türschloss: Versperrter Weg, Orte, für die Sie noch nicht offen sind, Ängste.

Umweltverschmutzung: Bewusstheit, Reinigung, das Bedürfnis, sich wieder der Natur zuzuwenden.

Ventilator: Das Element Luft, Erfrischung, Abkühlung, der Wind der Veränderung.

Videorecorder: Notwendigkeit, ein Problem oder eine Situation genauestens zu überprüfen.

Waage: Gleichgewicht, Gewichtsverlust, Überdenken Ihrer Optionen.

Wäschekorb: Achten Sie auf Signale, die Sie vor Klatsch und Tratsch warnen oder Sie darauf aufmerksam machen, dass die Zeit für eine Reinigung gekommen ist.

Wäscheleine: Das Element Luft, Frische und Erneuerung.

Weltraumstation: Abenteuer, neue Grenzen abstecken, möglicherweise eine neue Arbeitsstelle oder eine neue Wohnung.

Whirlpool: Verschmelzen, Bewegung, das Element Wasser, Entspannung und Heilung.

Windmühle: Natürliche Energie, Rückkehr zu den Ursprüngen, das Element Luft.

Zahnbürste: Hygiene, sich um sich selbst kümmern, Reinigung.

Zaun: Schutz, gestörte Kommunikation, Privatsphäre.

Ziegelmauer: Das Offensichtliche wird übersehen, Mangel an Aufmerksamkeit, verborgene Angelegenheiten, ein langsamer Fortschritt, der oft von innen blockiert wird.

Zigarettenrauch: Signale, Kommunikation, die Gesundheit ist wichtig, Reinigung.

Wo Sie diese Gegenstände finden

❧ Zeitungen, Zeitschriften und Prospekte (Sie wissen schon, die ganze »Werbung« im Briefkasten, die Sie sonst immer gleich im Papiermüll entsorgen).

❧ Kataloge, insbesondere von großen Kaufhäusern oder Versandhäusern. Außerdem die »Sonderangebotsbeilagen« von Supermärkten und Drogerien.

❦ Alte Kinderlexika oder Bilderbücher, aus denen Sie problemlos etwas ausschneiden können.

❦ Abbildungen auf Verpackungsmaterial (zum Beispiel Müslischachteln, Verpackungen von Haushaltswaren und so weiter).

Zusammenfassung

Die Listen dieses Kapitels enthalten nur einen Bruchteil aller Symbole, die wir für unser persönliches Orakel einsetzen können. Ich habe mich an den Versuch gewagt, solche Listen zusammenzustellen, weil ich Ihnen helfen wollte, unter den Tausenden von Bildern, die Sie verwenden können, die herauszufinden, die eine tiefe persönliche Reaktion hervorrufen. Wenn Sie mit dieser Reaktion richtig umgehen, hilft Ihnen das nicht nur, ein Weissagungswerkzeug für sich zu erstellen, sondern auch das Mysterium des Lebens besser zu verstehen.

Wenn Sie daran interessiert sind, diese Symbolik tiefer zu ergründen, schauen Sie sich in der Welt um. Sie brauchen nicht Hunderte von Büchern, um das zu sehen, was sich in Ihrer unmittelbaren Nähe befindet: das Potential für eine kreative, zeitlose magische Praxis im Alltag.

Anhang

Weissagungsarten

*Hab' das Künftige gesehen,
mehr als heute einer weiß,
sah das Werden und Vergehen
und der vielen Wunder Gleiß.*

ALFRED LORD TENNYSON

Aeromantie: Das Beobachten atmosphärischer Phänomene.

Alectromantie: Das Bestimmen der Zukunft, indem man beobachtet, wie Hähne Getreidekörner aufpicken.

Alphitomantie: Der Verzehr eines speziell gebackenen Gerstenbrotes, um herauszufinden, ob eine Person sich der Lüge schuldig gemacht hat.

Axinomantie: »Ja«- oder »Nein«-Fragen beantworten, indem man einen Stein beobachtet, der auf einer rot glühenden Axt balanciert wird.

Bibliomantie: Die Suche nach der Antwort auf eine Frage, indem man eine zufällig aufgeschlagene Stelle liest.

Botanomantie: Das Beobachten von brennenden Dornenbüschen oder Eisenkrautzweigen.

Capnomantie: Das Beobachten von Mustern in einer Rauch-
wolke, um die Antwort auf unterschiedliche Fragen zu bekommen.

Catoptromantie: Das Weissagen aus einem Spiegel.

Cephalomantie: Das Weissagen durch das Aufkochen eines
Eselschädels.

Ceromantie: Das Untersuchen von Formen, die entstehen,
wenn Wachs in Wasser getropft wird.

Chalcomantie: Das Interpretieren der Klänge von Kupfer-
oder Messingschüsseln, gegen die man wahllos mit einem
Klöppel schlägt.

Chresmamantie: Das Deuten der Laute eines Menschen, der
sich in einem Anfall windet.

Cromniomantie: Die Beobachtung des Wachstums speziell
präparierter Zwiebeln.

Daktyliomantie: Das Bestimmen verschiedener Persönlichkeits-
merkmale anhand von Fingern und/oder Ringen.

Daphnomantie: Weissagen, indem das Knistern brennender
Lorbeerblätter interpretiert wird.

Felidomantie: Weissagungen anhand der Verhaltensweisen von
Katzen.

Floromantie: Das Studium und die Interpretation der Bedeutung verschiedener Blumen und anderer Pflanzen.

Gelomantie: Die Deutung von hysterischem Gelächter.

Geomantie: Weissagung anhand von Besonderheiten der Landschaft oder mit Hilfe von Bodenproben.

Gyromantie: Die von einem Medium übersetzten Äußerungen
jener Menschen, die von ekstatischem Tanzen völlig erschöpft
sind.

Halomantie: Visionen, die man erlangt, wenn man Salz in ein
Feuer streut und sowohl die Flamme als auch die dabei entstehenden Geräusche verfolgt.

Hippomantie: Das Betrachten der Gangart von Pferden während einer zeremoniellen Prozession.

Hydromantie: Jede Weissagung, bei der Wasser im Mittelpunkt steht.

Ichthymantie: Untersuchung von lebenden oder toten Fischen.

Lithomantie: Das Spiegelbild einer Kerzenflamme auf einem Edelstein wird gedeutet.

Lychnomantie: Das Beobachten der Flammen dreier Kerzen, die ein Dreieck formen.

Macharomantie: Wahrsagen mit Hilfe von Schwertern, Dolchen und Messern.

Margaritomantie: Die Bewegungen einer besonderen Zauberperle in einem zugedeckten Topf werden beobachtet.

Metopomantie: Die Falten auf der Stirn eines Menschen werden gedeutet.

Metoposkopie: Siehe Metopomantie.

Myomantie: Geräusche und Verhaltensweisen plötzlich auftauchender Mäuse und Ratten werden interpretiert.

Nephelomantie: Die Bewegung und Form von Wolken werden gedeutet.

Oenomantie: Wahrsagen anhand von Farbe, Aussehen und Geschmack von Wein.

Omphalomantie: Die Interpretation des eigenen Bauchnabels.

Oneiromantie: Die Deutung von Träumen und nächtlichen Visionen.

Onomatomantie: Wahrsagen anhand von Namen.

Onychomantie: Sich auf Fingernägeln spiegelndes Sonnenlicht wird beobachtet.

Ophiomantie: Das Analysieren von Schlangen.

Ornithomantie: Weissagung durch die Beobachtung von Vögeln.

Ovomantie: Die Interpretation der Formen, die Eiweiß in Wasser annimmt.

Phyllorhodomantie: Die Geräusche von Rosenblättern, die gegen eine Hand geschlagen werden, werden gedeutet.

Podomantie: Das Beobachten der Fußsohlen.

Psychomantie: Weissagung durch Geister- und Totenbeschwörung.

Pyromantie: Wahrsagen mit Hilfe von Feuer.

Rhabdomantie: Der Einsatz von Wünschelruten.

Selenomantie: Die Erscheinung des Mondes und die verschiedenen Mondphasen werden gedeutet.

Sideromantie: Die Gebilde, die sich formen, wenn man trockenes Stroh auf heißes Eisen fallen lässt, werden zur Zukunftsdeutung herangezogen.

Skapulomantie: Die Schulterknochen von Tieren oder der Panzer einer Schildkröte werden ins Feuer geworfen, an den sich bildenden Rissen werden Vorhersagen getroffen.

Skiomantie: Größe, Form und wechselndes Erscheinungsbild von Schatten werden interpretiert.

Splanchomantie: Die Eingeweide von geopferten Tieren werden interpretiert.

Spodomantie: Wahrsagen anhand der Spuren, die sich in Asche finden.

Sykomantie: Zukunftsdeutung mit Hilfe von getrockneten Feigenblättern.

Transataumantie: Ereignisse, die man zufällig sieht oder hört, bilden den Ausgangspunkt der Vorhersagen.

Tyromantie: Das Gerinnen von Käse wird gedeutet.

Uromantie: Wahrsagen anhand von Untersuchung von Urin.

Xylomantie: Das Aussehen von Zweigen, die von Bäumen gefallen sind, oder die genaue Position von brennenden Scheiten sowie von zufällig hingeworfenen Stöcken oder Strohhalmen wird gedeutet.

Zoomantie: Berichte von imaginären Tieren wie dem Monster von Loch Ness werden herangezogen.

Wie Sie Ihre Gefühle ausdrücken können

Das ist des Menschen Schicksal:
Der Hoffnung zarte Knospen, morgen blühn sie
und kleiden ihn in dichten Blumenschmuck;
und übermorgen, tödlich kommt ein Frost.

WILLIAM SHAKESPEARE

Ein beliebter Zeitvertreib der Viktorianer war es, eine einzelne Blume oder einen ganzen Strauß Blumen, Kräuter oder Reben zu verschenken, um bestimmte Gefühle auszudrücken, insbesondere Gefühle romantischer Natur. Wenn Sie in die Fußstapfen der Viktorianer treten wollen, indem Sie solche symbolischen Arrangements auf Ihrem Altar oder an Ihrem heiligen Ort platzieren, oder wenn Sie die Sprache der Blumen für Ihre magische Praxis einsetzen wollen (beispielsweise durch Räucherwerk oder Öle), dann begrüße ich das sehr. Sind Sie beispielsweise auf der Suche nach einem passenden Arrangement für Ihren Altar, um ein Glücksritual durchzuführen, dann wären Pimentbaum, Birke und Weizen bestens geeignet. Eine gute Wahl für einen Freundschaftszauber sind Zinnie und Farn.

Eine weitere Möglichkeit, sich der Sprache der Blumen zu bedienen, war, eine Pflanze umgekehrt in das Arrangement einzufügen, um somit auch die Energie umzudrehen, beispielsweise ein totes Blatt mit dem Kopf nach unten zu hängen, um der Traurigkeit ein Ende zu setzen. Das hat auch den symbolischen Vorteil, »ein neues Blatt aufschlagen« zu können. Eine weitere Möglichkeit wäre, die betreffende Pflanze zu zerdrücken, zu verbrennen oder zu vergraben, um die Macht der Veränderung zu symbolisieren und zu stärken. Wenn Sie durch

Ihre magische Praxis Klatsch Einhalt gebieten wollen, dann können Sie Hopfen als Teil Ihres Räucherwerks verbrennen, um die Ungerechtigkeit in Rauch aufgehen zu lassen.

Im Rahmen dieses Buches konnte ich nicht alle Pflanzen aufführen, die in den zahllosen Werken über Pflanzensymbolik zu finden sind. Um Ihre magischen Experimente jedoch weiter anzuregen, folgt nun eine kurze Auflistung von Pflanzen, die in diesem Buch nicht ausführlich erläutert werden konnten.

Akazie: Eleganz, Anmut, Vornehmheit.

Amaryllis: Stolz, Würde.

Ananas: Vollkommenheit, Qualität.

Azalee: Enthaltsamkeit, Vorausschau, Mäßigung.

Baldrian: Anpassung, Gastfreundschaft, Ruhe.

Bartnelke: Ehre, Galanterie, Ritterlichkeit.

Belladonna: Vorstellungskraft, Kreativität.

Binse: Friedlichkeit, Zufriedenheit.

Brombeerstrauch: Neid, Rivalität.

Buche: Wohlstand, finanzielle Stabilität.

Dahlie: Unbeständigkeit, Schwäche.

Endivie: Konservative Vorgehensweise, Sparsamkeit, Vorsicht.

Farn: Aufrichtigkeit, Ehrlichkeit, Unvoreingenommenheit.

Flachs: Häusliche Arbeiten, Sorge um das Heim.

Frauenschuh: Launenhaftigkeit, Leichtfertigkeit, Wankelmut.

Gartenraute: Läuterung, Reinigung.

Gras: Nützlichkeit, Zweckmäßigkeit, Pragmatismus.

Hopfen: Vorurteil, Ungerechtigkeit.

Immergrün: Gutes Gedächtnis, fröhliche Anlässe.

Johannisbeerstrauch: Heiterkeit, Freude, Wohlwollen.

Jonquille: Zuneigung, die in gleicher Intensität erwidert wird.

Kaktus: Brennendes Verlangen, Inbrunst.

Kartoffel: Nächstenliebe, Güte.

Kleeblatt: Einheit, Ganzheit, Harmonie.

Kohl: Gewinne, verstärkter Geldfluss, gute Investitionen.

Königskerze: Gutmütigkeit.

Koriander: Verborgene Talente oder spirituelle Gaben.

Kornblume: Hoffnung in der Liebe.

Laub: Melancholie, Traurigkeit.

Magnolie: Liebe zur Natur, jede Arbeit auf dem Land.

Margerite: Toleranz, Geduld, Ausdauer.

Mimose: Empfindlichkeit, Einfühlungsvermögen, Verständnis.

Narzisse: Ego, Stolz.

Pilze: Misstrauen, Ahnungen.

Piment: Wohlwollen, Wohltätigkeit, Hilfsbereitschaft.

Quitte: Versuchung, Faszination, Verlangen.

Rübe: Wohltätigkeit, Dienstbarkeit, Nächstenliebe.

Schilfrohr: Musik, Harmonie.

Schneeglöckchen: Hoffnung, Glaube, Gelegenheit.

Stechapfel: Sicherheit, Schutz.

Stechpalme: Voraussicht, Planung, Weisheit.

Strohhalme: Uneinigkeit, Konflikt.

Trüffel: Erstaunen, Überraschungen, Verwunderung.

Wassermelone: Größe, alles Lästige.

Weißer Feldklee: Freude, Fröhlichkeit, Vergnügen.

Weizen: Reichtümer, Wohlstand, das Versprechen von Fülle.

Wermut: Mangel, Abwesenheit.

Zinnie: Freundschaft, Verwandtschaft, Familienbande.

Zitrone: Eifer, Energie, Vitalität.

Literaturhinweise

Aschenbrenner, Eva: *Der Wildkräutergang mit Eva Aschenbrenner durch's Jahr.* Wessobrunn 1999.

Bandini, Ditte und Giovanni: *Kleines Lexikon des Aberglaubens.* München 1998.

Beuchert, Marianne: *Symbolik der Pflanzen. Von Akelei bis Zypresse.* Frankfurt a. M. 1995.

Blum, Ralph: *Runen. Anleitung für den Gebrauch und die Interpretation der Gemeingermanischen Runenreihe.* München 1989.

Brosse, Jacques: *Mythologie der Bäume.* Olten/Freiburg i. Brsg. 1990.

Budapest, Zsuzsanna E.: *Das magische Jahr. Mythen, Mondaspekte, Rituale.* München 1997.

Cantin, Candice / Tierra, Michael: *Kräuter Tarot* (nur Karten). Neuhausen 1992.

Cavendish, Richard: *Mythologie. Eine illustrierte Weltgeschichte.* Frechen 1999.

Couplan, François: *Wildpflanzen für die Küche. Botanik, Sammeltipps und Rezepte.* Aarau 1997.

Cunnigham, Scott: *Magie in der Küche.* Neuwied 1993.

Droesbeke, Erna: *Blumenorakel. Nach der Methode von Marie-Anne Lenormand* (nur Karten). Königsfurt 1994.

Faber, Stephanie: *Das große Buch der Naturkosmetik. 300 neue Rezepte für selbst gemachte Kosmetik.* Wien 1997.

Fischer-Rizzi, Susanne: *Blätter von Bäumen. Legenden, Mythen, Heilanwendungen und Betrachtungen von einheimischen Bäumen.* München 1998.

–: *Medizin der Erde. Legenden, Mythen, Heilanwendungen und Betrachtungen unserer Heilpflanzen.* München 1997.

Hoffmann, David: *Die große Pflanzenapotheke. Heilen und gesund bleiben mit den Kräften der Natur.* München 1997.

Keidel-Joura, Christine: *Vom Charakter der Heilpflanzen. Mit heimischen Pflanzen Körper und Seele heilen.* München 1997.

Kieckhefer, Richard: *Magie im Mittelalter.* München 1992.

Knauss, Harald: *Das Vogelorakel. Die Botschaft der Vögel als praktische Lebenshilfe.* München 1998.

Kraaz von Rohr, Ingrid: *Heilkräuter* (nur Karten). Neuhausen 1995.

Müller-Ebeling, Claudia / Rätsch, Christian / Storl, Wolf-Dieter: *Hexenmedizin. Die Wiederentdeckung einer verbotenen Heilkunst. Schamanische Traditionen in Europa.* Aarau 1998.

Murray, Liz und Colin: *Das Keltische Baumorakel. Ein divinatorisches Kartenlegesystem.* München 1996.

Nickig, Marion / Radziewsky, Elke von: *Stiefmütterchen und Veilchen.* Hamburg 1999.

Niklas, Joachim: *Wildgemüse: Mehr als eine gesunde Alternative.* Stuttgart 1999.

Pollack, Rachel: *Tarot. 78 Stufen der Weisheit.* München 1998.

Rätsch, Christian: *Enzyklopädie der psychoaktiven Pflanzen. Botanik, Ethnopharmakologie und Anwendungen.* Aarau 1998.

Röbkes, Marion: *Handbuch der Karten-Legetechniken. Die beliebtesten Orakel für Wahrsagekarten.* Aitrang 1999.

Sams, Jamie / Carson, David: *Karten der Kraft. Ein schamanisches Einweihungsspiel in den »Pfad der Tiere«.* Aitrang 1998.

Schultes, Richard E. / Hofman, Albert: *Pflanzen der Götter. Die magischen Kräfte der bewusstseinserweiternden Gewächse.* Aarau 1998.

Shealy, Norman C.: *Naturheilweisen. Das praktische Handbuch.* München 1997.

Strassmann, René A.: *Baumheilkunde. Mythos und Magie der Bäume.* Aarau 1994.

Summer-Rain, Mary: *Leben und Heilen mit der Natur. Earthway – Die Botschaft einer indianischen Seherin.* Freiburg i. Brsg. 1997.

Telesco, Patricia: *Victorian Grimoire: Romance, Enchantment, Magic.* St. Paul 1992.

–: *Zauberbuch für wilde Mädchen.* München 1999.

Thorsson, Edred: *Runenkunde. Ein Handbuch der esoterischen Runenlehre.* Neuhausen 1992.

Walker, Barbara G.: *Das geheime Wissen der Frauen. Ein Lexikon.* München 1995.

Weed, Susun S.: *Heilweise.* München 1992.

Wollener, Fred: *Duftender Rauch für die Seele. Vom praktischen Umgang mit Räucherwerk.* München 1998.

LEBENSFREUDE
MIT ALTEM WISSEN

13972

Die Erfolgsautoren und Initiatoren der »Mondwelle« rufen ebenso altes wie zeitloses Wissen um die Rhythmen der Natur wieder ins Bewußtsein: Damit jeder aus eigener Kraft das Beste für sein Wohlbefinden tun kann.

Feng-Shui ist die uralte chinesische Wissenschaft von der Wirkung des Lebensraums auf den Menschen. Detaillierte Anleitungen ermöglichen es jedem, über ein harmonisch ausgerichtetes Heim seine Lebensqualität zu verbessern.

16120

Mosaik bei GOLDMANN

KRAFTQUELLEN ENTDECKEN

16101

RAINER WALLBAUM

Heilfasten mit Leib und Seele

16119

10888

16115

Mosaik bei GOLDMANN

GOLDMANN